幼兒教育課程

以圖像文本強化語文素養

Eva Teubal & Ainat Guberman 著

幸曼玲 校閱

蔡宜純 譯

Graphic Texts

Literacy Enhancing Tools in Early Childhood

Eva Teubal

and

Ainat Guberman

作者簡介

- Eva Teubal，以色列耶路撒冷大衛耶林教育學院榮譽退休教授
- Ainat Guberman，以色列特拉維夫 MOFET 研究所、以色列耶路撒冷大衛耶林教育學院講師

校閱者簡介

幸曼玲

- **學歷**：國立臺灣大學心理學學士
  美國俄亥俄州立大學發展心理學碩士
  美國俄亥俄州立大學發展心理學博士
- **經歷**：美國加州大學聖塔芭芭拉分校訪問學者
  臺北市立教育大學幼兒教育學系副教授兼系主任
  臺北市立師範學院幼兒教育學系副教授兼兒童發展研究中心主任
  臺灣省板橋教師研習會研究室副研究員
- **現職**：臺北市立大學幼兒教育學系副教授兼系主任

譯者簡介

蔡宜純

- **學歷**：美國德州大學奧斯汀校區教育學院特殊教育學系碩士
  美國密西根州立大學教育學院諮商教育心理與特殊教育學系
  博士候選人
- **譯作**：《心靈幫手：Vygotsky 學派之幼兒教學法》（心理出版社）

🐝 校閱者序

　　拿到這本書是一個美麗的意外！一開始我並不認得 Dr. Teubal，我也沒有朋友在以色列。對於以色列的印象僅來自新聞事件——以色列有持續的戰亂，和巴基斯坦人為耶路撒冷而有不斷的衝突。以色列有女兵，每個人都為國家的目標奮鬥。但是，對以色列的教育現況則是全然空白。然而，經過日本友人的轉介，接到 Dr. Teubal 要來臺灣的消息，我才開始想像在戰亂社會中，孩子學習的樣貌。由於 Teubal 發音太難，我習慣以 Eva 稱呼她。Eva 積極熱情，對周遭環境的點點滴滴非常有興趣。來到臺灣，在參訪的途中，依然持續不斷的收集生活中的各種符號。相機中不是風景照片，而是各色各樣廁所、捷運、招牌、地圖的標誌。她整個人就像一座龐大的資料庫，每每碰到不一樣的洗手間符號，總可以細數世界各地的洗手間模樣，娓娓道來符號的意義。我開始好奇，她的書到底想告訴我們什麼？

　　符號、標誌、圖案是人類生活中因需要而創造的物件，充滿了創造過程中的所要賦予的意義。一個人生活在這個環境中，就為既成的符號、符號結構的形式所包圍。最簡單的例子就是「日曆」、「週曆」、「月曆」或「年曆」。行事曆存在的目的是告知時間，不同形式的行事曆傳遞不同的訊息。以日曆為例，主要告訴我們的是這一天的年份、月份、日期、星期幾。人類運用了日曆來表徵一年 365 天中的某一天，有其時空的意義，是集眾人智慧的結晶，是多年演化的結果。既然是「結晶」，作為初學者的孩子，僅看得見表面意義，而容易忽視其演化過程中逐步鑲嵌的需求和結果。當幼教老師每天早晨，拿著日曆教導孩子：「今天是西元○○○○年○月○日，星期○。過去了、過去了是昨天，現在、現在是今天，還沒

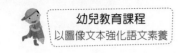
來、還沒來是明天」，我們是否可以進一步思考——孩子可以多理解些什麼？如何讓孩子可以進一步理解這個人類社會發展出來的高明的文化產物？或許幼教老師會覺得「行事曆」太難，但這只是其中的一個例子。Eva 想要傳遞的概念是，孩子在探究生活中的符號、標誌、地圖時，也是在探究人類文明的結晶體。學習結晶體的方式不是直接告訴孩子答案，要孩子背下來。而是鼓勵孩子從自身出發，猜測符號的意義，思考組成的規則。透過生活中的現成物，讓孩子揣摩，讓孩子猜測，讓孩子推論，讓孩子學習探究的歷程，而終究體認其意義。這樣的想法正是 Vygotsky 理論中「自發概念」和「科學概念」的整合過程。孩子有了自發概念，老師引導其連結科學概念，學習變得有意義，孩子的主體性也得以更進一步發展。帶 Eva 參觀幼兒園時，Eva 對孩子自己畫出的作息計畫表非常感興趣，對孩子的自創符號嘖嘖稱奇。她告訴我，臺灣真棒，讓孩子有這許多自我表現的機會！我也沾沾自喜，同時也希望透過這本書的引介，讓現場老師更清楚孩子與文化產物互動時的發展狀態。希望 Eva 的書可以讓我們幼教研究更多元，幼教現場更豐富。

但是，這個看似簡單的表徵如何與孩子的理解串結則是——

這是怎樣的一本書呢？

幸曼玲

臺北市立大學幼兒教育學系
副教授兼系主任

譯者序

在我們的生活中，隨處可見各種文字、繪圖、照片、符號、圖示、地圖與表格等各種不同的圖像；而從 3C 產品的充斥，我們可以發現孩童大多能夠很快的了解與使用這些 3C 產品，例如很快學會使用平板電腦與智慧型手機；另外，像搭乘大眾捷運系統時，依照車站或是車廂內的說明與指標，便不需要特別解釋，使用者就能很方便的去使用。

在學習中，現代孩童普遍缺乏耐心，但一般的教育體系卻仍舊注重傳統文本內容的教學，因此，孩童們在步入正式教育的同時，孩童本身、家長及教師們，都面臨了很大的挑戰與衝擊。然而我們也發現，數學能夠透過圖解來輔助理解，自然科學能夠透過模型或是照片來解釋原理，古文詩詞能夠透過繪畫來傳達意境，這些往往都能大幅提高孩童的學習成效。

本書由以色列學者 Eva Teubal 和 Ainat Guberman 所著，列舉數種非語文圖像文本，包含繪圖、照片、圖示、地圖與行事曆，逐一討論。章節順序是依照文本對孩童的熟悉度來安排；從幼兒園孩童最熟悉的文本開始，然後到很少在幼兒園使用的文本，最後到國民小學正式教育所使用的文本。每個章節起始於理論概要，敘述孩童理解與使用文本發展的相關問題，探討潛在的教育貢獻，最後並建議活動以提供實務運作的參考。

本書所著重的非語文圖像文本，不僅僅對於一般幼兒的語文學習有幫助，對於有特殊教育需求的族群、對當地語言並不流利的新移民，以及未接受正規教育的成人都有相當大的助益。希望本書能夠吸引第一線的教育學者、師資培育者、政策制定者，在實際推動工作時能夠參考本書的論點與方法，透過非語文圖像文本的輔助，讓學習者在語文的學習路上能夠更為順利。

蔡宜純

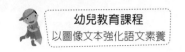

目次
CONTENTS

CHAPTER

1 緒論

標記工具對於幫助我們建構真實與發展成為更加成熟與有智慧的人，有著極深遠的影響。[1]

圖像文本的運用，是現代社會非常明顯的特徵。日常生活中常見的行為，像是駕駛與在購物中心購物，都是透過標誌、指示、地圖與廣告來引導。複雜一點的行為，例如科學研究與財務計算，則是藉由書面文本、圖表與數學方程式來支援。用來表徵的工具有很多，例如照片、插圖、數字與文字，被很巧妙的結合起來，創造出許多文本以提供給需要的人運用。

在眾多不同的工具中，口說語言跟書寫語言受到教育系統以及研究單位的重視。另一方面，除了累積大量的研究知識外，**非語文圖像文本**至今並未引起教育體系的注意（Kress, 2003）。

本書的目的在於吸引教育學者、師資培育者與政策制定者注意非語文圖像文本。這類文本對於強化一般人與年幼孩童在學習、思考、表達與溝通過程中具有潛在貢獻。

1　在 Boroditsky, L. 於《華爾街日報》「Life & Style 版」刊登了「Lost in Translation」（30.07.2010）之後，我們改變了初版的「存在於我們**語言**的結構，深遠的塑造了我們建構真實的方法，並且盡可能的幫助我們變得更有智慧以及更為細膩。」

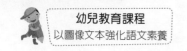

我們刻意將焦點置於非語文圖像文本對於學齡前孩童的幫助，然而這類型的文本對於有特殊教育需求的族群、對當地語言並不流利的新移民，以及未接受正規教育的成人也都有相當大的助益。我們相信任何對於發展、溝通與學習有興趣的人，都能在本書找到某些有趣和相關的議題。

本書架構

此導讀章節首先將圖像文本定義為**在我們身邊可以輕易發現的符號系統**；接著將檢視非語文圖像文本的特色。在解釋非語文圖像文本對個人與社會的貢獻之後，本書會提出將其融入學齡前教育的方法。

導讀之後的每個章節都可各自獨立，並逐一討論數種非語文圖像文本，包含繪圖、照片、圖示、地圖與行事曆。章節順序是依照文本對孩童的熟悉度來安排；從幼兒園孩童最熟悉的文本開始，然後到很少在幼兒園使用的文本，最後是國民小學正式教育所使用的文本。

以個別方式處理每一種型態的文本是書面文本線型結構的必然結果，同時，也因此才能針對每個主題有聚焦與連結的討論。應該被注意的是，在真實的狀態中，不同型態的文本通常會因為情境以及說話者的目的而彼此結合，學齡前孩童所使用的圖像文本亦是如此。例如，故事書通常包含了插圖或是照片，而傳單可能包含了圖示與地圖。我們試圖在每一章的內容中都提供其他章節所呈現的不同型態文本的範例。

我們所檢視的不同型態的文本，包含了許多不同的呈現原則，這些原則在某些範例中彼此相似，但在某些範例中又是有所不同。如同上述所示，在日常生活中，不同型態的文本是互相混雜的。從我們的觀點來看，混和了不同的主題，代表著我們必須決定是否在某一章去探討某個主題，雖然這可能在另一章節有同等份量的討論。空間思考便是其中一例，我們在「地圖」的章節做了說明，然而它與每個圖像文本的產生與利用亦互有關聯。結果便是，無論我們是

否認為必須，我們都會簡短的再次討論前面章節已探討過的主題。

　　每個章節起始於一個理論概要，描述了在該章節所檢視的文本型態。[2] 理論主題會盡量減至最低，我們選擇只說明與學齡前孩童圖像文本使用有關的觀點，並不會在其他地方花很長的篇幅敘述。接著，敘述孩童理解與使用文本之發展等有關的問題，以及探討孩童使用文本的潛在教育貢獻。每個章節都以建議性的想法作結，以達到對於討論之文本的體驗與熟悉，並獲得有關文本的可近性及其功能的相關資訊。

　　每個章節以一個活動單元做為結尾。其中第一部分是針對實習老師，第二部分是針對學童而設計。我們認為在實習老師們介紹圖像文本給學童認識時，每個圖像文本所提供的第一手經驗，同時也強化了實習老師們的實務運作。

　　針對幼兒園孩童所建議的部分活動，同時也能當做實習老師研究與評估孩童學習的基礎。在此所提供的評估活動，包含了能夠改善學童讀寫能力發展的概念。這些活動將讓實習老師們得以檢視他們所預定的目標。[3] 這些內容被標記為「建議研究」。[4]

2　唯一的例外是「畫畫和繪圖」的那個章節，我們認為去解釋畫畫是什麼，是相當多餘的，但隨後在該章節，我們定義了繪圖也是畫畫的一種。

3　這些活動原本並非用來作為總結性成就評量的標準測量工具；如此使用的話，會與本書的教學精神互相矛盾。

4　建議孩童與實習老師進行的活動，是本書理論原理的應用實例。這些活動不該被視為一份具有約束力或是完整的清單。作者非常樂於接受實施本書所建議活動之實際經驗的回饋與意見，請寄到以下電子郵件信箱：Eva Teubal: teubalster@gmail.com; Ainat Guberman: ainatgub@gmail.com。

圖像文本為恆久的外在符號系統

符號

Peirce（1931）指出，標誌（sign）本身（他稱之為 representamen）、被象徵標誌的物體（object），以及標誌如何被解讀（interpretant）三個要素間的關係是既存於符號表徵（symbolic representation）中的。舉例來說，一面國旗是一個標誌，一件代表國家的物質（物體）；對某些人（標誌解釋者）而言，一面國旗代表一個愛的或者不愛的實體。而其他不熟悉那面特定旗子的人，會將那面國旗僅僅視為一塊彩色的布料；對他們而言，那面旗子既不是一個標誌也不是一個符號。Peirce（1931）指出標誌的三個主要類別[5]：（1）圖示（icon）藉由大家所熟悉的外形來表示一個物品（例如：以一個箭頭標示出行進的方向）；（2）指示符號（index）藉由一些連結兩者的物理性關聯來呈現物體（例如：風向標顯示風的方向）；（3）藉由其定義或規則，以符號（symbol）表示物體（例如：一個字）。

Piaget（1962）認為，一個符號代表某種與它本身不同的東西。因此，對Piaget 而言，Peirce 的圖示（icons）與符號（symbols）都是一種符號，而指示符號（index）並非一種符號。舉例來說，模仿一個不在現場的人的動作，甚或模仿自己的動作（例如：一個孩子假裝睡著），這些是符號表徵。因此，指著一個出現在眼前的物體並不構成該物體的符號表徵。

Nelson（2007）強調符號表徵，就製造符號的人而言，是有意圖的刻意創造出的符號。符號表徵不僅僅是一種內隱記憶的表達，或是一種立即的感知經驗；更甚者，符號是社交的、傳統習慣的，以及相互的。符號的意義並非

5　Peirce 將最廣泛的符號表徵類別命名為「標誌」。

只是以個人或私人的經驗為基礎，而是使其能適應某些文化，並由使用者所屬的群體共享的。Nelson 亦將符號視為**獨斷**（arbitrary）與**系統相依**（system dependent）的。這些要求導致了一個結論，也就是說指示對象—標誌—概念（referent-sign-concept）之間的關係並不是象徵性的，除非這個關係建基於一個獨斷的標誌系統內，而此標誌系統是架構在某種程度的意義來源（p. 145）。

DaLoache（2004）則認為，**一個「符號」是為了要表達本身之外的某種意思而刻意被創造出來的**。她明確的表示，象似性（iconicity）或是物理上的相似點（physical resemblance）與一些具有象徵性功能的實體，是沒有關聯的。DaLoache 以許多日常生活中普遍存在的人工製品為例，儘管都具象似性，但她認為這些是具象徵性的，例如統計圖中的圓餅圖呈現出預算如何依部門切割；照片、漫畫與工程圖也是如此。同樣的，其他思想家亦持有相同觀點，例如 Goodman（1976）、Huttenlocher 與 Higgins（1978），以及 Itelson（1996）。

本書呈現出我們近距離觀察年幼孩童參與涉及問題解決之團體活動的研究成果。我們對於孩童能夠廣泛使用表徵工具（representational tools），以強化他們問題解決能力的結果，覺得相當感動。[6]

鑑於我們視掌握符號工具（symbolic tools）為認知能力強化的主要特徵之一，我們試圖建立一個觀念，此立場足以描述符合孩童**萌發的符號能力**（emergent symbolic competence），就如同我們從觀察中得到的結果一樣。接續在 Piaget（1962）、Nelson（2007）與 DeLoache（2004）之後，我們將符號視為刻意製造出來代表某東西。我們替 Nelson 的觀點背書，認為象徵性的意義是由共同群體的成員所共享，而這些稱為**慣例**（conventionality）的意義，也同時是一種人際溝通的必要條件以及人際溝通後的結果。

---

6 畫畫、照片、圖示、地圖與行事曆。

此外，我們採用了 DeLoache 的觀點，認為一個實體是否為符號，象似性並不能被當成評斷標準。這無疑是在孩童符號能力萌發時期面對一群圖像文本（有著可觀程度但卻不同的象似性）最關鍵的事情。如同在後面章節會看到的，我們的觀察提供證據，顯示畫畫、照片、圖示、地圖以及日曆都變成能夠提供強大支援力的符號工具箱，就如同符號工具的認知強化功能。

當符號化的過程牽涉到圖示性的面向，它便需要選擇特定的實體，而這些實體與當初創造符號的目的是相關的。這個程序必須忽略其他與目的無關的要素，因此也造成了必然扭曲的草圖。圖像之**簡單與明確**的優點，因而生成（Tversky, 2005）。舉例來說，圖 1.1 便是狗的圖型化代表物，這是一個簡單的圖像，勾畫出狗的主要特徵，卻省略了描繪特定狗類特徵的一些細節。結果在於注重一般狗類普遍共有的輪廓，但避免畫出可能只有某隻狗或其他哺乳類動物所獨有的特徵。

圖 1.1　狗

Vygotsky（1978）指出，符號是使用於心理與社會領域的文化工具，如同自然世界中使用的各種工具一樣。例如，字詞讓該語言的使用者能夠與在時間或空間上遙遠的物體取得連結。因此，一個字能成為一種工具，將遠端的真實拉近，讓語言的使用者能夠用來分享（例如：提到「銀河」時，能夠讓聆聽者

知曉什麼是銀河。[7] 在此例中，雖不能立即透過感官察覺銀河，但這個字提供了講者與聽者共同的參考。）

內在表徵與外在表徵

●● 內在表徵（internal representation）

是個人的表徵，換言之，內在表徵只能讓此表徵的製造者利用。例如，當我們思考、說話、做夢以及閱讀時，我們心裡想著的點子以及腦海中出現的畫面。

●● 外在表徵（external representation）

是公開可取得的。外在表徵包括了人類相當廣泛的各種表達：刻意模仿他人、手勢、言語、表演、音樂、舞蹈、繪畫、錄影、電腦成象等等（見表1.1）。

表 1.1　內在表徵與外在表徵的範例

表徵	內在	外在	
		暫時	永久
語文	內在語言 ……	口說語言 手語	書寫語言
非語文	影像 ……	手勢 音樂 舞蹈 ……	數學符號 音樂符號 圖形 表格 繪圖 地圖 ……

7　在溝通的世界中，製造溝通訊息者通常被稱為「發送者」，而接收訊息者通常被稱為「接收者」。

一般認為，外在表徵是一種直接表達預先存在之內在表徵的方式。然而，外在化與內在化的動態過程說明了兩種型態的表徵。一般常見的外在表徵是透過共同社群成員間的溝通所建立；同時，分享外在表徵對於概念化的過程極為重要（Vygotsky, 1978; Nelson, 2007）。因此，這些動態關係造成的表徵能讓社群成員間彼此溝通（溝通性功能），並支援個人思考與記憶的運作（知識性功能）。

相對恆久的外在表徵是可以存在很長時間的。從雕塑與文本（例如：書）當中，可找到利用一個紀錄系統（例如：文字、數學符號或地圖）的範例。這樣的表徵構成社交工具來幫助人類心智克服原本生物力學的限制，這些生物性的限制可能會影響認知、記憶與運作（Harris, 1986）。

相對恆久的外在表徵在以下三方面加強人類的潛能：

1. **心智延伸**：擴展處理能力及加強心理功能（Olson, 1994; Clark, 1997）。圖像化表徵（graphic representation）從物質保留量、仍可利用的時間長度，以及精確且快速回憶之能力的觀點，讓人們超越記憶的極限。易得的各種表徵可幫助人們去執行耗費心智的工作，例如編輯；如果沒有這些圖像，會讓人不可能或難以完成這樣的工作。

2. **心理調節**：在此所指的是加強人們「管理」（或組織）的能力，或「加強自理能力」（Donald, 1991; Clark, 1997）。這可能是透過寫日記記錄該完成的工作；區別已完成與未完成工作；反思或是以情感和精神方式應對複雜現實的方法（見 *The Diary of Anne Frank*）。

3. **心靈分享**：短暫的與相對恆久的表徵讓不同人得以檢索資訊、彼此分享與溝通（Donald, 1991; Clark, 1997; Nelson, 2007）。資訊透過恆久的外在表徵傳遞並非同步的。例如，現今考古學者能夠從古老久遠流傳下來的文本中獲得資訊。

本書提出利用相對恆久的外在文本（包括語文與非語文）習得讀寫素養（literacy）的可能性。直到 1980 年代，狹義的讀寫能力是指閱讀以及寫作（Pellegrini & Galda, 1993）。如今，經濟合作暨發展組織（Organization for

Economic Cooperation and Development, OECD）將讀寫素養定義為「為了完成個人的目標，發展個人知識與潛能，以及有效率的參與社會，而能理解、使用與反思書面文本的能力」（UNESCO Institute for Statistics, 2003）。美國文化協會（American Literacy Association）擴充讀寫素養的定義，將其包含了使用不同型態之口語與視覺訊息的技巧。有素養的人能夠完成下列事務：了解自己需要何種資訊、從不同的來源取得資訊、理解接收到的訊息並且仔細評估、整合不同來源得到的資訊、將獲得的資訊長期保存、與他人分享資訊並用於決策、解決實際問題、提出問題並有新思維（ALA, 1989）。這些讀寫素養的定義強調 Snow 與其同儕（Snow, Burns, & Griffins, 1998）所提之素養的「大問題空間」（large problem space）論點，相對於包含了熟悉解碼與基本寫作能力的「小問題空間」。本書將使用「讀寫素養」一詞來描述**一個人利用口語與非語言圖像文本，達成有效與環境以及／或者自己互動的目的**（Teubal & Goldman, 1998）。

圖像文本

　　實體文本之真實的特性，轉化了可能思考的空間。

——Andy Clark [8]

　　Halliday（1989）指出，文本是在某個情境下有意義或功能的語言。一個圖像文本包含了外在符號的相對恆久系統，例如書面語文、書面數學語言、地圖、圖表、照片、繪畫、素描等等（Olson, 1994）。資訊以一種視覺空間的格式呈現出來，通常在一個二維空間上。所有的訊息在不同的時間和空間都能獲取。藉由圖像文本所傳遞的訊息，是結合了說明的內容與其所選擇之代表方式的產物。這是指藉由不同方法所表徵的內容會產生不同的意義（McLuhan,

---

8　Clark, 1998, p. 176.

1964）。[9]

　　非語文圖像文本藉由所提供的「預設用途」（affordances）[10] 而有著獨特的功能，例如：照片當成一種紀錄、圖示當成一種警告等等。利用混和不同種類的文本，加強發訊者傳遞複雜訊息的能力。舉例而言，月曆上的數字可以代表日期而國字可以代表月份，照片或漫畫中的文字說明，地圖上結合文字、數字與標誌等等。人類（包含大人與小孩）為達成目標而借助文字幫忙的能力，與他們辨識不同型態文字所提供之「預設用途」的能力有關（Gibson, 1982; Donald, 1991）。從接收者的觀點來看，混和各種圖像文本的組合，能夠加強所呈現素材的處理（Donald, 1991; Schnotz & Bannert, 2003），並且提升使用特定處理資訊的管道。某些人可能喜歡書面語文的表徵方式，而某些人則可能偏好非語文之圖像文本，例如繪圖。

知覺與理解圖像文本的發展

　　早在一歲的年紀，孩童便創造物體與事件的圖像，並開始了解口說文字（Preissler & Carey, 2004）。就其學習符號的脈絡與使用的情境之相關而言，孩童初次使用符號是「死板的」（rigid）。像是當一個孩子被問到「燈光在哪裡？」時，能夠指向某個他所在房間中的桌燈，而非其他房間的燈。

　　符號的使用只是牽涉到使用圖像文本能力的其中一個面向。另一個先決條件則是理解符號可以多重存在；亦即符號可自己以一個物體單獨存在，也可以

9　我們建議觀看與比較 Edvard Munch 的版畫《吶喊》以及其在日記中所記錄的描述。照片可以在 http://en.wikipedia.org/wiki/The_Scream 觀賞到（或在 Google 圖片輸入「Scream」搜尋）。藝術家的描述在許多網站都可以找到翻譯（Google 輸入「Munch Scream diary」）。

10　「預設用途」最適合被描述為一件物品可能「提供」的用途。這取決於該品項的屬性、使用者的特性，以及使用該物品的情境。因此，舉例來說，在人類的環境中，一本書可以拿來閱讀，而在另一個環境則被用來當做紙鎮，或是當做書蟲的食物（Gibson, 1982）。

是一個代表該符號的物體。DeLoache（2004）稱此現象為表徵性的「頓悟」（insight）。符號的多重存在可以在數學教科書中找到範例，例如，在一個比對一組數字的練習題中，數值較大的數字以較小的字體印出，而數值較小的數字反而以較大的字體印出（例如 5 跟 9）。這是利用印刷的手段，設計來區分數字做為一個號碼符號，或是數字做為一個物體。在此範例中，數字 5 以比數字 9 較大級數的字體印出，雖然實際的數值 5 是小於 9 的。

在整體了解一個圖像文本代表的內容（例如：地理地圖代表地方、月曆代表時間）之後，接觸與體驗許多同類型的文本，能夠擴展對於圖像系統以及其所代表之物件的「對應規則」（rules of mapping）（Liben, 1999）。例如，在地圖上某一個顏色與其所在位置的海拔高度之間的關聯。這種理解並非小事（Tversky, 2005）。在 Karmiloff-Smith（1992）[11] 之後，我們認為，當孩童全神貫注於圖像文本的成分以及其彼此之間的關係時，文本變成了討論與研究的目標。孩童要能全神貫注，必須是至少在某些情境下能夠熟悉該文本的利用（行為上的精通）。此過程在每個型態的文本上都是重複發生的，每次產生新的文本表徵，代表更高層次的認知階層。較高階層的使用者能夠推論文本的特性，類化到其他領域與其他文本上。舉例來說，熟悉地圖的特徵乃藉由顏色的改變來指出海拔高度的改變，如此可以推論顏色的改變代表在某高度數值的改變。這樣的推論可以推及其他紀錄方法的領域，比如說不同的顏色代表了不同型態車輛所造成的汙染。依據 Karmiloff-Smith（1992）的論點，能將圖像轉化為研究對象與新的圖像之能力，為人類所獨有。

在學齡前使用非語文圖像文本

對於年幼孩童而言，非語文圖像文本運用的視覺與空間形式，對其學習是

---

11 Karmiloff-Smith 大致整體撰寫外在表徵，但並未針對特定文本。

很重要的（Ramadas, 2009）。一些圖像文本因為其象似性，以及其廣泛的在孩童所參與的社會文化情境中被使用，因此特別容易讓孩童上手。**非語文圖像文本有著讓學齡前孩童在許多社會文化活動中，由消極的觀察者轉化為積極的參與者的潛能**；如果缺少圖像文本，這樣的參與便不可能達成。例如，透過圖示或畫畫，學齡前孩童可以畫出一系列他們所需要的物品，然後帶著這張清單與父母去購物。或者，他們對於到訪過的地方或參加過的活動，可以拍照留存，以與同儕分享經驗。如此的活動讓孩童了解使用圖像文本可以得到的好處，進而促使他們妥善利用這樣的工具。

　　然而，非語文圖像文本的取得，並不應該被視為理所當然，它也需要透過學習而獲得。我們應該提防掉入錯誤的結論，認為初步使用圖像文本就代表能夠掌握這些工具的使用。以拍照為例，拍照可能需要某些專長才能運用得宜，照片也並不一定是易懂的。為了闡述這樣的概念，請見圖 1.2。你必須花多久時間才能認出照片中的物品呢？

圖 1.2　照片中是什麼東西？[12]

　　非語文圖像文本可以透過許多方式促進口說語言，非語文文本（如照片）的存在，更能夠促進產生一段較長且連貫的口說語言之文本。當孩童（成人也

12　照片答案：地鐵車廂。

是）能夠「閱讀」，並詮釋他們需要而呈現於面前的資訊時，口說語言也能獲得加強。這樣的圖像文本，讓人們能夠免於完全依賴記憶，而記憶通常是很複雜的過程，並且牽涉到口說文本的產生。這對於尚未具備所需字彙或是對於字彙的利用有困難的孩童而言，是相當重要的工具（Iverson & Goldin-Meadow, 1998）。從孩童的觀點來看，使用手勢能讓他們繼續表達自我。對教育者而言，手勢提供學童「近側發展區」的指標。[13] 教育者可建議以適當的**標籤化**（labeling）來取代孩童的手勢，並擴大孩童口語表達的範圍。[14] 因此，處理非語文文本可以支援某特定活動所需之字彙的使用與取得。

有些例子中，人的認知與語文能力高於他們對於書寫語言的掌握。學齡前孩童更是如此。使用非語文圖像文本讓孩童能夠透過相對恆久的外在表徵，表達他們的洞察力與思想，因而能夠跨越孩童語言與認知能力，以及對於書寫語言尚未完全掌握之間的鴻溝。孩童可能會依據自身的能力狀況與所選擇的認知模式，利用逐漸整合的書面與非語文文本，來嘗試傳遞一則訊息。書寫語言可以透過許多方式被整合為非語文文本，從個別的字母（例如：一個單一字母在日曆上表示該天是星期幾，例如 M 代表週一，T 代表週二）到完整的語文文本（如繪圖中出現的樣貌）。

在習得書寫語言的初期階段，當他們由非語文表徵傳送訊息而添加資訊時，將書寫字詞包含進來，特別有價值。如此的經驗讓孩童暴露在某特定型態文本的預設用途，並緩解書寫困難。當孩童對於書寫語言的掌握有所進步時，他們選擇適當表現方式的能力會更強。選擇書寫語言當做一種表徵的方式，並非「自然而然」，而是視說話人的目的而定。在某些情境下，例如空間內容的

---

13 近側發展區（zone of proximal development）是 Vygotsky 理論中的一個詞彙。該詞的意思代表了實際發展程度與潛能上該有的程度之間的距離。其中，實際發展程度由獨立問題解決能力的結果來判斷，而潛能上該有的程度則取決於在成人或較有能力的同儕支援之下能夠解決問題的能力。

14 標籤化應該透過非語文圖像將孩童所表達的事物以語言來表述。例如：以更高的認知層次，提供一個新的描繪內容的方法。重要的是要知道，處理這樣的命名時，不應該影響到口語文本的流動，而是要更為提升。

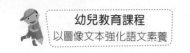

表徵，像是地圖這樣的非語言文本，是比書面文本更為恰當的表徵方式。

因此，對於孩童在不同情境下接觸圖像文本，主要有兩種目的：（1）圖像文本可以加強孩童在任何活動中達成特定目標的能力。這些經驗證明了使用恆久外在表徵的好處。這樣的經驗可能會激發孩童掌握「紙上的世界」（Olson, 1994）。（2）孩童認識各種不同文本的預設用途。這與教導讀寫中的類型教學取向（genre approach）是一致的（Cope & Kalantzis, 2000）。熟悉各種不同表徵的特性，提供了能夠最佳使用文本的基礎。最佳使用文本時，會考慮到所需的資源、所表徵的內容、說話者與聽話者的特徵。這顯示了甚至在習得基本的讀寫素養之前，孩童便可積極參與不同面向之識字的「大問題空間」（Snow et al., 1998）。透過知道如何使用圖像文本培養讀寫素養，是本書希望鼓勵且達成的一個主要目標。

實際接觸符號表徵系統的經驗能夠提升孩童使用額外表徵系統的能力。知識基礎越廣，就越容易獲取新的符號系統（Marzolf & DeLoache, 1994; Liben, 1999; Troseth & DeLoache, 1998）。加強孩童對於非口語圖像文本的熟悉，是促進其未來取得新符號系統的重要一步。

體現到非語文圖像文本的潛在優點，並非來自於自動化的使用這些文本，而是視非語文圖像文本如何在教育系統中被利用而定。如同「空字」（empty words，什麼都沒說）案例中語言被誤用（Piaget, 1995），非語文圖像文本也有可能被誤用，這也代表這些文本的外在面向可能在未注意到其預設用途或特殊貢獻的狀況下被採用。本書的主體會說明文本本身以及它們可能被併入有意義的教育性活動之各種方式。

🐦 教育取向

引導本書的教學方法是一種**社會生態學**的方法，在這種方法中，學習與人類知識是在社會、文化與物質的情境中，透過與不同背景、能力及態度的人

合作而得到發展（Vygotsky, 1978; Bronfenbrenner, 1979）。知識是在社群成員之間散布，因此不可能將人群、觀念、文化工具與文化結果分割開來（Clark, 1973）。與孩童之教學互動必須基於重視孩童所帶來知識的重要性，使用所居住社會的文化資產，並與其生命中的重要人物（如父母親、照顧他們的人或最親近的人）合作（Serpell, 2001）。

那些在參與者生活中**有意義的社會文化活動**裡出現的認知能力，應最先被考量。當孩童的活動是被研究室的研究員所指引時，對於孩童的真正能力只是呈現出一幅未完成的圖畫，而這樣的孩童通常得到較低的評估。如果孩童做為尋求問題解決方法之較為積極的參與者時，其表現則較好（McGarrigle & Donaldson, 1974-1975）。

發展歷程就是隨著時間而改變，這些改變很大的部分是來自於**獲得的經驗**（acquired experience）。因此，在比較孩童與成人的研究中顯示出一些新手與專家的不同，而實際上，在很多案例中，孩童的典型應對機制，與沒有經驗的成人相類似（Chi, Feltovich, & Glaser, 1980）。

學習發生於人際交往的空間。最佳的學習情境是有著**行動**（action）、**認知**（cognition）與**語言**（language）三方的互動。人們以共同的**行動**達成共通的目標，**意識到**他們所在的大環境以及環境的相關特點，並透過**語言**表達自己（Goodwin, 2000）。孩童幫忙做家事便是很好的例子（Ochs & Izquierdo, 2009）。透過積極參與，以及不同年齡與不同家事精熟度之成員間的互動，此共同活動改善了所有參與者的知識與技能，對活動的知識於是被強化，用來影響互動的語言知識也強化了，指示技巧與專注力的技巧獲得發展，辨別品項或事件重要與否的能力也進步了。

本書所秉持的教學研究法結合了情境實踐（內隱學習）與外顯教學。

●● 情境實踐（situated practice）

要求某行動的參與者在過程中明確的完成一個目標。例如，旅行前擬定一張行李打包的物品清單，或是一張標示出受邀賓客座位的公園地圖，因為

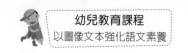

該活動是在公園舉辦。情境實踐的主要優點在於讓人得以習得資訊，增加學習動機，以及可能將從某個特殊情境所獲得的知識傳遞給他人（Dewey, 1902; Blank, 1995）。

●● 外顯教學（explicit teaching）

是一種教師或輔導老師（一個對於修習的學科極為熟悉的人）的積極介入，能夠幫助學生並向其解釋清楚問題中的內容或原則。教育者的功能是在必要時擔任示範者的角色，並支援被教導的獨立活動（「引導式參與」，Rogoff, 2003）。Bruner（1978）將這樣的支援活動比喻為在一個建築物上使用鷹架，輔導老師在學生取得相關領域技能的初期，提供學生廣泛的支援，隨著學生知識的增加，慢慢減少這樣的支援。

另一個學習的重要資源便是無論在合作或是衝突的情境之下，與同儕之間的對話。在合作的狀態下，即使在達成任何協議或理解之前，平等的社會地位讓同儕之間可以討論不同的意見，而不需要僅僅只是接受權威角色的意見（Piaget, 1932）。同儕之間的論辯讓他們察覺到不同意見的存在，因而有助於擴大對於討論主題之理解。要讓自己被了解，同儕之間必須以口說文本清晰且具連結性的表達自己的立場（Blum-Kulka & Hamo, 2010; Zadunaisky Ehrlich, 2011; Pellegrini, 2009; Pontecorvo, 1987）。在本書的課程中，我們建議處理每個同儕之間或是孩童與成人之間產生的討論議題。對於沒有主題的探討，應該要以「太困難」為由而延後討論。透過適合孩童興趣之領域的活動，需要對於所學習的素材盡可能有意識的努力使其維持正確。重複的接觸不同主題能夠讓學習者對於知識有更深層的內化與應用。

在不同的情境下複習不同的學習活動，並且記錄每次的活動，能夠讓孩童日後有深刻的反思，這類似 Bruner（1960）所稱之「螺旋式課程」（spiral curriculum）。

　　大部分的孩子們在年幼時都很喜歡畫畫，也都對他們畫出的作品感到滿意。 一旦孩子們開始上學，他們畫畫的次數通常會減少，而畫畫的成就感也相對減低（Rose, Jolley, & Burkitt, 2006）。

　　孩子們畫的畫被依下列不同理論觀點來檢視：心理動力論著重在情緒層面（Koppitz, 1968; Machover, 1953; McNeish & Naglieri, 1993）；心理計量學觀點將畫畫視為孩童智能的指標（Goodenough, 1926; Harris, 1963）；認知理論學派認為畫畫是孩童認知發展的呈現（DeLoache, 2004）；而符號學分析學派，則研究標誌（sign）與符號（symbol）及其意義的學習，以及在各種不同社會文化情境下的使用（Chandler, 2005）。本章將聚焦在認知理論學派與符號學分析學派，將畫畫視為一種溝通方式，而這種溝通方式的使用隨著不同層面的社會情境而有所不同。我們將試圖證明畫畫及語言都可以提升不同的認知功能，[1] 例如，發展敏銳的觀察力、觀念的建立、記憶的能力，以及反省、規劃、提問等能力。我們試圖證明這些特質能讓畫畫成為在教育體系中，值得有系統且完整培養與建立的能力，同時也將畫畫所具有的多重功能擴大到極致。

　　本章所包含的主題依序為：孩童詮釋圖畫與畫畫能力發展之討論；呈現出畫畫是一種可提升畫者以及其所屬社會之洞察力的認知溝通工具；定義兩

1　有大量的文獻闡述畫畫對於情感幸福的貢獻（例如，Malchiodi, 1998）。因此，我們選擇將重點置於畫畫對於認知發展的貢獻。

種與培養讀寫素養特別相關之不同型態的畫畫，亦即敘事性繪圖（narrative illustrations）與科學性繪圖（scientific illustrations），並檢視兩者對孩童造成的影響；以及孩童區分兩種不同型態畫畫的能力。最後，我們提出了一些活動以供參考，這些活動可以鼓勵孩童使用畫畫，特別是敘事性繪圖與科學性繪圖，同時也提供了此領域研究與評量的一些想法。

將圖畫詮釋為符號之能力的發展

依據 Vygotsky（1978）的論點，初階符號與次階符號是不同的。初階符號直接代表了客體本身（representatum），而次階符號代表了記號或標誌（representamen）。因此，舉例來說，寫作是一種次階符號，因為它代表了口頭語言；而口頭語言是一種初階符號。次階符號在認知上是較為複雜的，需要抽象的概念，且其發展晚於初階符號。由於勾勒式畫畫（figurative drawing）是初階符號，理解勾勒式畫畫的能力**通常**[2] 早於理解寫作的能力。[3]

理解勾勒式畫畫代表了被描繪的物品，是由下列洞察力所組成：（1）物品本體與圖畫有相似之處；（2）物品本體與圖畫有不同之處；（3）圖畫有兩種事實，一方面它有其形體特徵（例如：顏色、輪廓與大小等），而另一方面它代表了一個物體、活動或想法（例如：類似一隻貓的圖畫）；（4）勾勒式畫畫的目的是企圖去解釋其代表的意義，而這就因人的詮釋不同而有不同的結果（Callaghan, 2005; Winner, 2006）。

在剛出生的數個月內，嬰兒已經能夠辨識**物品與物品的圖畫之間的相似**

2　通常我們都認為在發展複雜一點的概念之前，會先發展簡單一點的概念。然而，並非全然如此，因為還有其他影響概念學習的因素參雜其中，例如概念的**使用**與否（Wittgenstein, 1953; Nelson, 2007）。

3　要注意的是在某些情境下，比喻的使用是由具象繪畫與口頭語言組成。這類的例子是次階符號，例如一隻鴿子在口語及圖畫上都代表了和平。

處（Jolley, 2010; Winner, 2006）。就如同看到物品會想有所行動，在九個月大時，嬰兒看到圖畫會有行動的能力也已經建立。舉例來說，嬰兒會去舔一張照片中奶瓶的奶嘴部位（DeLoache, Pierroutsakos, & Uttal, 2003）。到了大約一歲時，當嬰兒開始拼出他們人生中的第一個字時，他們也會歸類熟悉事物的圖片，包含了物品之基本的與示意性的黑白輪廓素描。

　　能夠區分物品與物品之影像的能力，也發展得早。當一個小孩有機會選擇一張物品的照片或此物的實品，三個月大以上的小孩會選擇去觸摸與拿取實際的物品。DeLoache、Pierroutsakos 與 Uttal（2003）指出，他們相信，如同會去拿取某個物品，九個月大嬰兒試圖對某個物品的圖片有所行動，並不代表他們沒有能力區分兩者之間的差異，而是代表了嬰兒們試圖去研究與了解那些圖片究竟是什麼。DeLoache 與她的同儕，以美國中產階級的嬰兒與象牙海岸的嬰兒為樣本做了比較，其中在象牙海岸，照片是相當罕見的。研究結果發現，嬰兒會去摸索照片裡的物品，與其是否接觸過照片，兩者成正相關。研究亦顯示在十八個月大時，美國的嬰兒不會再去拿取照片，而會指著它。另一方面，象牙海岸的嬰兒會試圖去抓有物品在其中的照片，就好像照片是真正的東西，而這是美國九個月大嬰兒會有的反應。

　　Preissler 與 Carey（2004）指出，對於圖片所代表之特質的理解，早在十八個月大就開始發展。藉由歸類圖片，他們教導十八個月大到兩歲的孩子學習不熟悉的字，發現孩子們會使用最近新學到的字，而不是利用圖片本身，去替那個圖片裡的物體命名。到了兩歲大時，孩子們已經能夠利用語文解釋那個圖片事實上是那個物體的一個圖片，而非物體本身。

　　有些學者認為，**能夠明確的知道圖片本身就是獨立存在的，跟圖片所代表的物品是分開與不同的**，這種觀念大概在四歲之後才發展出來。學者們認為，三歲到四歲之間的孩童期待圖片會隨著它們所代表的物品而有所改變，就像他們會期待看到一朵花的圖片會隨著花的凋謝而有所變化（Winner, 2006）。然而，也有其他學者反對這種假設，他們認為當孩童見到自己穿著與現在身上所穿衣服不同的照片時，並不會感到訝異（Jolley, 2010）。會造成學者之間不同

的論點,其實也取決於他們實驗所屬的特定情境。[4]

　　理解到使用圖片做為溝通意圖是一種確認,確認人們在社會互動中使用圖片是要去分享圖片所冠上稱呼的各種意義。這建構了孩童在不同情境下去了解另一個人使用圖片之意圖的基礎能力,以及他們為了要溝通而去製造出圖片的能力(Callaghan, 2005)。例如,Bloom 與 Markson(1998)發現,當三歲的孩子被告知某圖是某人剛剛才畫上去的,比起告知顏料只是剛被潑灑在紙上,他們更容易去命名這些圖片。

產出具表徵性圖畫之能力的發展

　　Luquet(1927/2001)是最早開始記錄孩童畫出表徵性圖畫的學者之一,Luquet 有關孩童圖畫的書,僅於 2001 年由法文翻譯成英文。

　　Luquet 的觀察指出,在孩童出生後的第二年起,開始喜歡留下各種記號,包括:手印、著色的線條、用銳利鉛筆筆尖在紙上挖出的洞洞等。對於孩童傾向在塗鴉中表徵出物品的議題一直持續被討論。Thomas 與 Silk(1990)不認為塗鴉具有象徵性,而其他學者(Lee & Karmiloff-Smith, 1996; Yamagata, 2001)卻認為塗鴉具有象徵意義。Adi-Japha、Levin 與 Solomon(1998)分析孩童的塗鴉與亂畫發現,這些塗鴉是藉由自由移動的手部動作以及刻意有角的線條而產生。一旦畫完,孩童可能會將他們所刻意畫出角度的線條,命名為飛機,而那些藉由手部自由移動而畫出的圓滑曲線則不會被命名為飛機。雖然孩童賦予破碎線段的意義與圓滑線條的意義有所不同,但他們並未發現其間的差異;當孩童描述其他孩童或自己所畫的線條的差別時,這種差異並未被發現,尤其是作畫與描述相隔一段時間之後。再者,當研究者模仿孩童的塗鴉動作時,孩童對這樣的塗鴉並不會有解釋。所以,我們可以說,當孩童一畫完就被

4　情境因素牽涉不同的熟悉程度以及不同的生活經驗。

要求對於他們的畫做出解釋，並不能說明孩童一開始就是有意圖的表徵一個物品。在此種狀況下，即使原本並不是要表徵一個物品，後來也會透過孩童的口語詮釋而變成物品的表徵。Tolchinsky（2007）提到了這種與繪畫系統相關的詮釋。

從大約兩歲半起，孩童經常會提前宣稱他們要畫某樣東西，並且總是能在畫完之後，立即依據他們預先的企圖去詮釋作品（Lee & Karmiloff-Smith, 1996）。Luquet（1927/2001）認為，由胡亂畫轉變為有意圖的畫畫，這種轉變是漸進的。起初，孩童很開心的胡亂畫著，並發現他們的塗鴉與某特定物品有相似之處，Luquet 稱此階段為「偶然的寫實」階段。漸漸的，如果孩童對於他們的塗鴉亂畫滿意，便會宣布他們有意畫出另一個相同物品的表徵，並且重複他們第一次畫出成功塗鴉的行動。以此方法，他們後來所畫出的塗鴉與第一次成功畫出表徵物品相似的機會便會增加。

在大約三歲左右，孩童的畫畫會增加一些細節，以提高他們所畫的東西與真正物品之間的相似度。例如，一個三歲半的小女孩，她會畫出一些線條，並且說那看來像隻鳥。接著，她會在所畫的很像鳥形狀的圖案上面，加上鳥的嘴巴以及腳。Luquet 會說，這樣的補強就是有意圖的畫畫的開始。因此，塗鴉或亂畫是有意圖的畫畫發展的基礎，塗鴉或亂畫可能會被視為一種「自我引導」（bootstrapping）的機制。孩童逐漸的創作出更多有意圖的畫畫，並且減少單純只是在紙上做記號的動作。

在許多案例中，即使還跟實際物品相差很遠，研究者還是可以從描繪的線條中，辨認出孩童最初刻意畫的物品為何。Luquet 稱這種畫為「未完成的寫實」，因為他認為孩童試圖要畫出一幅真實的圖畫，但並未成功。孩童失敗的原因，在於小肌肉發展不足以及有限的注意力廣度。

當孩童想要畫一個物品時，無論那是一個模型真實的放在那邊，或是依照記憶中的影像畫出，孩子們必須能夠妥善控制他們的動作技能。孩子們會開始畫出最明顯以及最重要的特點，再畫出他們認為較不重要的特色。當孩童的注意力被引開時，他們會覺得畫已經完成了。如果提醒孩子們某些細節被忽略

了，他們可能會修正或是回溯似的解釋為什麼他們省略掉那些細節。這種圖畫的另一個特徵在於，在沒有任何整體視野的狀況下，例如相對大小及空間關係，每個細節都可獨立完成。舉例來說，一個人的畫作中，手可能是連著頭的，嘴巴在鼻子之上，頭比腳大。也就是說孩童未刪除先前所繪的版本，便開始修正。

大約五歲起，孩童的畫看起來變得更為真實。依據孩童試圖以平面畫解決呈現三度空間的問題，Luquet（1927/2001）將這段寫實畫時期分為兩個階段。他稱第一階段為「智能現實主義」（intellectual realism），因為此階段所畫出來的圖畫特徵通常代表了畫者所想的，而非物體在他們畫畫當下實際呈現的狀況。智能現實主義可透過下列技巧完成：

- **將實際上是連結的或相互隱藏的物品區隔開來**：例如，圖 2.4 當中男孩頭上三根頭髮是分開的。

- **透明**：圖畫中可描畫出鞋子裡的腳趾頭、植物盆栽土壤裡的根，以及房子裡穿過牆面可看到房間。在圖 2.1 的照片中，小女孩爬在斜屋頂上，遮住了後面的那個人，只看得到被遮住的那個小孩的頭。但在圖畫當中，在前面的小女孩卻是「透明的」，可以看到她身後另一個小孩的完整身軀。

- **三度空間立體物品的表面區域散布出來**：例如在圖 2.2 的餐桌，較遠方的桌布往上畫出的呈現方式，此外，孩子坐在餐桌椅子上，亦以分散到側面的方式來表現。

- **不同視角的結合**：這是一種將細節以最佳視覺角度來表現的技巧。在圖 2.1 當中，畫的頭是面向前方，而身體則是以側面描繪。圖 2.2 中，畫畫孩童的視角是從上面看下去，但桌腳是從側邊呈現。

如同 Luquet 指出，在成人的世界中，「智能現實主義」刻意的因應某些目的被應用於許多狀況，例如以科學繪圖去表現肉眼看不到的物質，或在建築規劃圖中以不同的方位切入，描繪出一棟建築物的不同面向，以展現出畫者的已知，而非僅僅讀者肉眼所看到的。因此，智能現實主義並非孩童獨有的特

圖 2.1 女孩爬在庭院裡一座木製玩具屋的斜屋頂

圖 2.2 一名孩童坐在餐桌旁的圖畫

質,也不能被視為短暫的發展階段。

在大約八歲左右,畫者會畫出當下的真實狀況,Luquet 稱此時期為「視覺現實主義」(visual realism)。視覺現實主義的第一個跡象,出現在大約四歲時,在孩童的畫當中,可以見到一些特定的細節。舉例來說,在人物的側面畫中畫出一隻眼睛,因為另一個眼睛從那個角度無法被看見(見圖 2.3)。視覺現實主義需要相當高程度的技能,熟悉透視法及現實的描繪,因為這些都是模仿的雛型。圖 2.1 與圖 2.3 都是幼兒園小朋友的作品。兩幅圖畫中皆可看到孩童藉由觀察二維照片而展現出視覺現實主義。值得注意的是,他們藉由視覺現實主義畫出了人的身體。

圖2.3　動作中的孩童

照片中的圖畫是由義大利的幼兒園孩童所繪。他們是以一些他們在跳躍的照片為依據畫出這張圖。

與認為透視圖法的畫作（drawing of perspective）代表發展程度的觀點相反，Cox（2005）認為畫畫形式的選擇是相當謹慎的，取決於畫者所屬的文化、畫者的技巧以及畫畫的目的。舉例而言，成人以非真實的方式畫出諷刺漫畫，因為他們的目的在於批判；特定具表達性或結合塗鴉的繪畫及畫作，是一種表達情緒的方法；立體派藝術家的作品可以是「散布式」的，並且可以從另外一個角度來看，一個個並排著；一個缺乏空間深度的典型拜占庭式藝術品，反之，以對角線的方式暗示深度的存在，則展現了傳統東亞藝術的特質。

圖畫的認知與溝通功能

本單元將致力於呈現在幼兒時期利用畫畫所帶來的認知與溝通的價值。畫畫可以是一種讓孩童具有**觀察能力**的工具。在實際作畫之前，需要規劃與組織，並且需要藉由反覆比較畫裡的物品以及實際畫出之成果的方法來達成。所以，整體而言，所繪製的物品逐漸變成具有細節的，而且也是外顯的；也因

而漸漸闡明描畫的細節以及兩者之間的關聯。因此，畫畫藉由表徵性地重複描繪，成為一種創造意義的工具；也藉由重複描繪體認先前未被察覺的細節（Tversky, 1999）。2009 年耶路撒冷的學齡前孩童參與一項活動，此活動運用了地圖，孩童被要求畫出從學校到賣場或是圖書館的路線。[5] 他們在地圖上記錄地標，藉此他們才會注意到排水管的人孔蓋是圓型的，而電信電纜線的蓋子是方的。畫畫所牽涉到的極細微觀察力，以及意圖記錄真實的特質，讓孩童對於街上公共建設提出問題與進一步的觀察，並體認到記錄這些東西存在地點的需求。

畫畫可以讓萌芽的觀念具體化（Tversky, 1999; Ramadas, 2009）。設計師與建築師藉由概括性的素描開始他們創作的過程，這種概括性的素描透過與先前素描之比較而逐漸成形。素描草稿的優點來自於與訊息同步且持續呈現，這整合了空間關係而不會讓記憶超過負載。被記錄下來的細節，可能產生新的資訊，這種資訊在沒有素描草稿的狀況下是見不到的。例如，一個額外增建的細節，會影響到已完成的建築物整體外觀。

畫畫同時也可以充當孩童做計畫的工具。圖 2.4 說明了一個幼兒園小朋友對於營火晚會的規劃。該圖顯示晚會將在營火旁舉行，需要的用品有錄音機、馬鈴薯、火柴、烤棉花糖用的竹籤、糖果等等。這名小男孩利用畫畫來解釋他的計畫給其他小朋友聽（畫畫是一種溝通工具）。有許多孩童也有類似的計畫，這些計畫形成了討論的基礎，並需要達成共同決議。描繪共同決議的圖畫會被老師保存在檔案夾中做為紀錄以及輔助記憶的工具。

5 　欲見活動更詳盡的描述，請見「地圖」章節。

圖 2.4　規劃營火晚會

繪圖

　　繪圖是一種利用圖畫來表徵、解釋並強化文本意義的圖，藉由繪圖讓書面文本與圖畫文本互相配合（Vernon Lord, 2007）。當孩童繪圖並結合語文文本時，可以強化與語文相關的理解和回憶的過程，無論他們是自行繪圖或是看到其他人以繪圖伴隨書面文本時（Fang, 1996; Carney & Levin, 2002; Brookshire, Scharf, & Moses, 2002; Schnotz & Bannert, 2003; Peeck, 1993）。

　　字典可以提供利用繪圖輔助文本理解的情境。任何人想要尋找不熟悉的字的定義時，字典都相當有幫助。圖 2.5 是幼兒園字典中的一頁，呈現「一個具有說服力的人」的插圖（Exodus 4:10）。[6] 在此頁的最上方是「一個具有說服力的人」的定義：**一個知道如何以說話來完整傳達想表達意思的人**，旁邊是一張強調嘴巴的臉。在此頁的底部，是一張摩西在燃燒的荊棘旁的插圖，伴隨著這幅景象的語文敘述，摩西告訴上帝他並不是一個有說服力的人。字典的此頁，需要不同體裁的貢獻，包含了字典的定義、聖經的引述、圖示以及插圖。

　　　　　　 | אִישׁ־דְּבָרִים
　　　　　　 | *"Ish dvarim"*
　　　　　　 | An eloquent man
　　　　　　 |
　　　　　　 | אָדָם הַיּוֹדֵעַ־ לְדַבֵּר וּלְנַסֵּחַ אֶת דְּבָרָיו הֵיטֵב
　　　　　　 | *"Adam hayode'a ledaber u'lenaseax et dvarav heitev"*
　　　　　　 | A man who knows how to speak and express himself well in speech.
　　　　　　 |
　　　　　　 | מֹשֶׁה אָמַר לַשֵּׁם שֶׁלֹּא אִישׁ דְּבָרִים הוּא
　　　　　　 | *"Moshe amar lashem she'lo ish dvarim hu"*
　　　　　　 | Moses said to God that he is not an eloquent man

圖 2.5 幼兒園字典裡的一頁，解釋「一個具有說服力的人」

6　自舊約聖經精選出的章節，是幼兒園教學的一部分。出埃及記 4:10 描述了上帝說服摩西擔任領導的角色。摩西表達他並沒有意願，並表示他並不是個「具有說服力的人」，摩西告訴上帝，請寬恕祢的僕人，無論是在過去，或是祢告訴我之後，我從未具有說服力，且我拙口笨舌。孩童們受教於標準的希伯來經句（*Massorah*），在當中摩西逐字的說：「我不是一個具有說服力的人」。

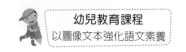

在上述範例中，插圖補充了文字。也有其他的例子顯示插圖兼具闡明定義的責任。例如，在圖 2.6 中，插圖主要是要解釋「人質」這個字的意義是將人隔離。

圖 2.6　幼兒園字典中的一頁，解釋「人質」一詞

檢視插圖說明的文字，可讓情感語文化，並促使對於表達情感之字詞的了解（Painter, 2003）。舉例來說，一個正在讀白雪公主故事的孩子，指著乖戾的小矮人說，他脾氣暴躁，但我脾氣不暴躁，我很快樂。

與回憶文中明確指出的訊息相比，當結論可以從文本中推論得來時，插圖對於理解語文文本有著特別的貢獻（Gyselinck & Tardieu, 1999）。

Rubman 與 Waters（2000）認為，一門以圖像文本來呈現故事的閱讀課程，能夠讓讀者對於文本有更深刻的理解，並能更精確的掌握監控理解的程

度。這是一個重要的閱讀方法。他們的研究宣稱，孩童對於正在讀的故事創造一個圖像化的表徵，[7] 對故事能有更好的理解，並且能夠看出文中意義不明確之處（無論是先前提供的資訊不夠明確，或是讀者原本具有的知識太過模糊不清）。

繪圖對於理解與記憶文本的正向影響，在許多研究中都已經被以不同方式解釋過了，結果都證實繪圖能增加與補充文本的理解。我們將以此延伸：

- 對於正在發展閱讀能力或是僅具有限字彙的讀者（例如對於語言知識有限的移民，或是有著語言障礙的孩童），繪圖可以傳遞給這些讀者在語文表達中無法得知的意義（Carney & Levin, 2002; Fang, 1996）。

- 繪圖，特別是彩色及有趣的圖畫，可以提升孩童接近與解釋文本的動機（Brookshire, Scharf, & Moses, 2002; Fang, 1996）。

- 繪圖可以總結複雜的資訊，並將焦點放在最重要的細節上（Carney & Levin, 2002）。

- 當繪圖以圖的形式重複提供書面文本所包含的訊息時，該訊息經歷了兩種不同的處理：視覺空間以及聽覺口語。如此以兩種不同形式的多重編碼，能提高對於文本的記憶（Paivio, 1986）。

- 繪圖與語文文本適合用於各種不同資訊的表達：繪圖較能表現出空間性的內容，而線性式的內容或是與動作相關的內容，則是以語文文本較易表達（Gross & Teubal, 2001）。因為這個理由，比起單獨使用繪圖或語文文本，兩者結合使用將能傳遞更為完整與有效的訊息（Peeck, 1993）。

- 讀者之間存在著個別差異。有些人較擅於處理視覺空間代碼傳遞的資料，有些人則擅於處理語文代碼傳遞的資料。結合語文和圖像的文本，可以增加能夠處理全部文本的讀者人數（Gyselnick & Tardieu, 1999; Peeck, 1993）。

---

7 藉由外表有著塑膠塗層的各種形狀磁鐵，放在一個金屬板上做為輔助。

然而，必須指出的是，伴隨著繪圖對於理解與回憶文本所帶來許多的優點，另外也有為數極多的研究顯示，繪圖的使用可能有損於處理與理解文本。這些狀況解釋如下：

- 孩童可能被指定以一張圖來解釋一個現象，而此張圖並不是常見的理解方法。舉例來說，Ehrlén（2009）認為，讓孩童接觸地球的衛星照片以及太陽系的科學繪圖，可能造成錯誤的概念化歷程。Ehrlén 指出，五歲的孩童對於地球這顆行星所繪的圖提供了以下解釋：一個孩子認為，人們在行星內的高原上；另一個孩子認為是高山與路的曲線讓地球變成圓的；一位小女孩則認為每個行星都是一個國家，只有瑞典（她的母國）是在地球上。這些參與了 Ehrlén 研究的孩童在無人介入的情況下能夠辨識此張圖，因為他們先前在所處的社會環境中看過類似的東西。因此，Ehrlén 的研究顯示，圖畫並非自然而然就能被了解，特定的視覺識讀能力與中介，對於協助其理解是必需的。我們假設不僅孩童如此，任何年紀的人都可能誤解一個代表了完全不熟悉之物品的圖畫。

  Ivarsson、Schoultz 與 Säljö（2002）認為，表徵工具的選擇影響了思考過程，使用地球儀來幫助孩童了解我們的星球，可以幫助他們以一種「更先進」的方式來思考與表達想法。因此，所呈現的訊息與所選之表徵工具的預設用途，兩者之間需要相當高的一致性（Norman, 1993）。

- 若圖畫並非被再製到與語文文本接近的相關段落，則讀者必須將注意力轉移到另一個地方，這對處理效率相當不利（Mayer, 2002）。當文本的參考資料需要讀者進行類似的注意力移轉時，我們也預期有類似的結果。

- 如果圖畫與語文文本之間沒有關聯或是互相矛盾，對於文本的理解與回憶便會受損（Beck, 1984）。

- 部分學者認為，文本增加了圖畫，會造成更表面的文字處理過程，因為圖畫的簡單化會誤導讀者認為文本是清楚的，不需要更進一步的處理（Peeck, 1993; Weidenmann, 1989）。

畫畫與繪圖是通往寫作的橋梁

畫畫與繪圖對於寫作能力的獲得有很大的貢獻。畫畫是文本的一種持續型態，可以被用來討論與編輯。圖 2.4 呈現出幼兒園孩童如何利用畫畫來規劃一個營火晚會，討論了他們彙集、編輯與重整後的清單，保存清單並包含了所有晚會準備該考慮的事宜。孩童能藉此習得從文本得來的一些可能的方法與好處，對於那些尚未掌握寫作系統的孩童是一種很有效率的導入方式。

畫畫可加上書寫文字而成為一種組織架構。如此，特別是在學習寫作的初期，能帶出必須的寫作獨特優點，不必花費心力於寫出較長的文字，也不至於讓孩童為了要寫出一整篇文字而感到沮喪。所有的孩童都能參與畫畫，享受共同創作的過程。而大部分的孩童都能依據自身的能力，藉由符號、字母與書寫字詞來強化其畫畫。一段時間之後，隨著孩童產出書寫語言的能力發展，文本中使用字詞的情況會隨之增加，直到書寫字詞取代繪圖（Teubal, 2008）。

繪圖伴隨著文本，能夠形成一座詮釋書寫符碼的橋梁。如果書寫字詞與恰當的繪圖一起出現（例如：一個氣球），孩童會展現出對於用來命名圖畫的口說語言以及書寫語言兩者之間的興趣。押韻的字同時出現（例如：balloon 與 moon），如此會引起孩童對於書寫語言與口說語言之間的相似與相異之處的興趣。押同一韻的書面字詞之間的相似之處，可以幫助孩童區分書寫語言與口說語言的不同。書寫為代表口說語言的系統（次級的符號），而視覺影像則表徵了該物件的型態（初級的符號）。

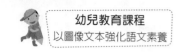

敘事性繪圖

　　敘事性繪圖是一種圖像的類型（a graphic genre），包含了圖片以及敘事的書面文本，目的在於幫助理解（Vernon Lord, 2007）。敘事性繪圖也包含了諷刺畫、漫畫藝術以及愛情故事漫畫（Bell & Sinclair, 2005）。

　　在兒童文學或是初學者閱讀的書中，敘事性繪圖受到廣泛運用。這是因為敘事性繪圖有著超乎我們所提及的特點，目的是要讓讀者更能了解繪圖所伴隨的文本內容。依據這些特點，我們延伸討論如下：

- **框架文本，並引導讀者的期望：**繪圖通常描繪出故事主要角色所在的地點、時間以及動作。因此，繪圖將故事的描述濃縮到一個格子，將故事與孩童已熟悉的世界做連結，並且將孩童的期望引導到接下來的故事（Carney & Levin, 2002; Fang, 1996; Peeck, 1993; Vernon Lord, 2007）。

- **詮釋與延伸：**繪圖可以詮釋文本，以及添加書寫語言或口說語言無法表達出來的訊息。這代表了文本在語法上可以是簡短的，而不會減損故事所夾帶訊息的複雜度（Carney & Levin, 2002; Peeck, 1993; Fang 1996）。在《晚安，猩猩》（*Good night gorilla*; Rathmann, 1994）一書中可以找到範例。這本書說了一個完整的故事，但書面文本僅限於「晚安……」，接著就是一些動物的名稱，文本依據繪圖中所發生的事情以不同的令人出乎意料的意義呈現。

- **批判性思維：**在圖畫式文本與語文文本之間比較，能夠培養批判性思維。舉例來說，一間托兒所閱讀一本名為《一個晴朗早晨》（*One Clear Morning*; Ayal, 1985）[8] 的書，在之後進行的活動中，孩子們注意

8　本書被翻譯為英文發行。英文版本： Ayal, O., & Lhow-Nakau, N. (1980). *One Tuesday Morning*. London: Dobson Books.

到其中的一個插圖裡，老奶奶看不到她所歡迎的孩子們，因為孩子們都躲在門後（見圖 2.7）。這引發了一些對話：孩童們提出了些建議，包括改變門開啟的方向，或是門鈴的位置要換個地方。隨著他們的建議，他們修正了繪圖。孩童們與繪圖者聯繫，也使得後來改版書中的圖畫獲得修正。從插畫中產生的互動，提供孩童一個機會去處理空間相關議題，以及針對語文文本和圖像文本做比較。透過操作影印版的圖畫，孩童學習到了文本可以被編輯與改善，而達成此一結果並沒有依靠寫作。

- **字彙與觀念的擴充**：繪圖乃初級符號，也就是說，符號可以直接代表物體（Vygotsky, 1978），能夠闡明讀者不熟悉之字詞的意義（Carney & Levin, 2002; Fang, 1996; Peeck, 1993）。

圖 2.7　描繪正在迎賓的老奶奶的原始插圖（1985 版本），圖中老奶奶所說的是「歡迎」的意思

並非所有的研究結果都認為敘事性繪圖是有益的。以下我們發現一些要讓繪圖在理解與記憶文本變得有幫助的先決條件。

- **視覺識讀能力**：要理解敘事性繪圖，必須要熟悉敘事的圖畫表徵的慣例（conventions）。雖然在真實生活中動態的事件依序發生，因此在一段

時間當中我們只見到單一事件，敘事性繪圖卻能夠一次提供數幅靜態的圖片，一幅接著一幅，每幅都代表了整體事件中的單一時刻。觀看敘事性繪圖時，很重要的是，我們必須了解，同一個人物可以重複出現在不同事件中，而非每次事件都出現不同的人物。同時也必須理解每幅圖片之間的關聯性：它們出現的位置，基本上暗示事情發生的先後順序。因為此一理由，繪圖必須以固定的順序來觀賞，而這也適於傳統文化中閱讀的順序（Borners, 1990）。

- **清晰**：繪圖應該清楚而不過度強調細節，這樣才能很容易的辨認出最重要的觀點（Beck, 1984; Brookshire, Scharf, & Moses, 2002）。

- **鄰近**：繪圖的位置應該靠近伴隨著繪圖的文本。切斷語文文本與其伴隨的繪圖所造成的影響可能相當嚴重，因為對於文本的理解是依賴繪圖所蘊含的意義及暗示。例如，「這是誰？他在做什麼？」（Elster & Simons, 1985）

- **一貫性**：在繪圖中，物體的外觀沒來由的發生重大變化，會影響對文本的了解。例如，繪圖尺寸的驟然變化，或是繪畫角度的變化（Beck, 1984）。

即使這些狀況都出現，部分研究者對於繪圖有可能影響文本的理解仍有所疑慮，並宣稱孩童可能較喜歡看圖片，而非努力去試著詮釋文本所蘊含的訊息（Brookshire, Scharf, & Moses, 2002）。

🐦 科學性繪圖

Bruner（1986）對於命題式（paradigmatic）與敘事式（narrative）兩種思考模式進行區分。

命題式思考是自然科學的特徵，是人類認知中最偉大的成就之一（Donald, 1991）。在此領域的科學活動熱切渴望客觀性及大量知識的形成，

因為這類知識能夠以定義良好的概念與相互關聯的概念，來描述、解釋及預測觀察到的現象。

反觀**敘事式思考**，則是主觀的，且是依據以往經驗形成的。思考過程是互相連結的。類比、隱喻和敘事，是日常生活中用來描述、解釋和預測現實的工具。自然語言（natural language）中的概念並未獲得定義，而是依賴一些「典型」項目的相似性來決定（Klein, 2006）。

然而，科學素養是從日常的思考演變而來的嗎？科學的發展是一種公共成就，而科學知識與個人知識卻有所不同（例如，參見 Donald, 1991; Klein, 2006）。在西方世界，對於自然科學發展有所貢獻的因素包括寫作。寫作讓紀錄與觀察得以保存，比較不同的研究結果、檢視理論、規劃長期研究，以及閱讀先前的文件。向一般大眾揭露現存的知識，對於過去的理論與研究結果不斷的檢視，是科學活動的重心，並區別出僵化的教條與發展及更新之間的不同。

學齡前與小學低年級孩童的科學課程，主要功能之一在於做為孩童的世界與科學活動之間的橋梁。藉由探索與孩童相關的主題，孩童接受了社會化的過程，並在過程中他們被帶入具有啟發科學精神的活動（Teubal, 2003），孩童學習如何進行精確的觀察並且注重細節，控制變項並且想辦法複製研究方法與結果，弄清楚並且系統化的記錄他們的觀察，以此進行比較、假設檢驗與學習。

當孩童被鼓勵去參與「研究」，並以探索自己的猜測為目標，「團隊工作」就是周遭的氛圍之一。為了要針對耐人尋味的問題找出答案，孩童彼此合作，藉由結合正反兩方的結果為結論，而非彼此競爭去贏得猜謎遊戲。我們期待這種方法可以讓孩童逐漸採取一種客觀的態度來進行假設檢驗（Teubal, 2003）。

在強化孩童成為科學家的過程中，最重要的工具之一便是廣義的語言，無論是口說語言或書寫語言，都包括語文文本與非語文圖像文本（Lemke, 1998）。科學教育領域的研究學者提出警告認為，學校的科學教育錯失了這點，科學教育並未充分利用視覺空間的管道：將科學繪圖、照片、地圖、圖表

等能夠幫助學習的圖像文本介紹給學生（Ramadas, 2009; Trumbo, 2006）。

　　科學性繪圖是非語文圖像文本的主要類型之一，能夠支援學生對於科學內容的理解與產出。本章我們將檢視兩種型態的科學性繪圖：在觀察時記錄的或觀察後立即記錄的（見圖 2.8a 及 2.8b），以及那些表徵了繪製者對於流程與結構之洞察與假設（見圖 2.9 至圖 2.11），在此被稱為模型。模型可以利用那些與所呈現的物體之間沒有圖型相似性的象徵符號（例如，圖 2.11 中，以波浪線條來表現吸入的動作）。

　　因為孩童「自然」的活動與科學活動之間有所不同（Vygotsky, 1978），因此非常重要的是要讓孩童能更接近科學，而不會讓他們覺得討厭與吃力。活動的目標在於讓孩童能夠有奇妙的感覺而受到啟發，經常去探索原本應該「熟悉」的事物，進而發現一個迄今尚未揭露的嶄新世界就擺在眼前（Teubal, 2003）。因此，當與有意義的科學活動情境相結合時，科學性繪圖便是一種極有價值的工具。

以科學性繪圖記錄觀察

　　科學性繪圖的目的在於盡可能準確且客觀的記錄一個現象的典型特徵，且注重最重要的面向（Mikel, 2007）。科學的歷史顯示，在理論的形成過程中，以繪圖的方式記錄所觀察的現象，扮演了主要的角色。Olson（1994, 2004）宣稱，非常大量的十六世紀植物繪圖，造就了系統化建立植物學結構知識與區分植物種類的發展。特定植物的繪圖被用於描述「理想的」植物種類。觀察不同植物種類之間的相似與差異之處，引入了植物物種的分類學與型態學。

　　在頁末的連結[9]，顯示了一個名為「生命多樣性」的影片，這是生物學家 Edward Wilson[10] 以繪圖記錄對於一隻螞蟻的觀察。當透過顯微鏡觀察時，

9　http://eowilsonfoundation.org/the-diversity-of-life（建議 Google 關鍵字：Wilson biodiversity life work）

10　Edward Wilson 是二十世紀最傑出的科學權威之一。他被認為是島嶼生物地理學、化學通訊、生物學與社會生物學理論的創立人之一。

Wilson 以不同觀點畫出一些他認為重要的明顯特徵。他解釋，結合了數個獨特的特性，讓他能夠決定新發現的螞蟻是否屬於一個獨特的生物物種。因此，繪圖對於 Wilson 而言，是一種和鑷子、相機與顯微鏡一樣重要的工作工具，而所有工具的結合，構成了他日常業務與達成科學工作目標不可或缺的方法。

生物學與其他科學並無不同。在地質學中，不同地質形成的繪圖被用來當成計算地表形成過程的計算模式的基礎（Ramadas, 2009）。

用來記錄觀察的繪圖也可以對孩童的學習有幫助。Brooks（2003）描述要求孩童畫一隻蝶蛹，如何能讓年幼畫者更仔細的觀察蝶蛹，以及注意到許多相關的細節。孩童的觀察形成了對於幼蟲新知識的質疑與新知識產生的基礎。有關繪圖的對話，讓身為積極參與者的學齡前孩童能夠學得新的字彙，來表達他們自視覺上與動覺上所取得的知識。畫出蝴蝶的活動，教導孩童「幼蟲」與「破蛹」這兩個字彙（如蝴蝶的幼蟲脫去外皮破蛹而出）。一份蝴蝶幼蟲可食食物的清單，讓孩童可以系統化的檢驗他們的假設，每次給予蝴蝶幼蟲不同食物，孩童便發現幼蟲只吃桑葉。

以下是由一位實習老師在耶路撒冷的一間幼兒園帶領學生進行螞蟻觀察活動的實際範例。

幾位孩童繞著桌子坐下，每位孩童有一個裡面裝著一隻螞蟻的白色培養皿[11]、一個放大鏡、一枝鉛筆、一個削鉛筆器與橡皮擦。孩童被指導如何透過放大鏡觀察螞蟻，並且仔細觀察螞蟻身體的各個部位。

實習老師：我們觀察螞蟻之後要開始畫圖，你們要在腦海中決定如何畫它。

Debbie（孩童一）：螞蟻沒有頭髮，它是光頭，除了它的觸角之外……兩條腿跟頭上有兩隻觸角。

---

11 培養皿（Petri **dish**）是一種淺淺的圓形碟子，有著一個寬鬆的蓋子，用來培養細菌或是其他微生物。培養皿之名稱來自於德國細菌學家 Julius Richard **Petri**（1852-1921）。

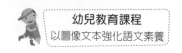

Michelle（孩童二）：不！它有六條腿！

Debbie：　等一下，我來算算看……喔，對，每一邊有三條腿……我們要
　　　　　畫眼睛嗎？

實習老師：就把你看到的都畫出來。

Debbie：　但是我沒有看到眼睛，我只看到耳朵。幾乎看不到脖子……

實習老師：螞蟻有脖子嗎？

Michelle：　拿去吧，我畫好了，我的螞蟻叫做 Tiko。你看，它有三個小
　　　　　小的圓圈，六隻腳跟兩根觸角。

實習老師：你認為呢？那些圓圈是什麼？

Michelle：　中間的圓圈是胃，比較下面的圓圈是屁股，上面的圓圈是它的
　　　　　頭……

實習老師將螞蟻身體的部位命名為頭部、胸部跟胃部。

Debbie 展示她所畫的，並且在螞蟻的頭上加上眼睛。

Michelle：　我沒有看到螞蟻有眼睛，所以我沒有畫眼睛。

Debbie：　螞蟻當然有眼睛，不然它怎麼看見東西，怎麼回家？

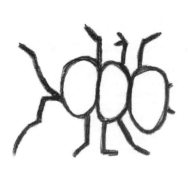

圖 2.8a　Michelle 畫的螞蟻

圖 2.8b　Debbie 畫的螞蟻

圖 2.8a 與 2.8b 都是在仔細觀察後畫出的圖。

在螞蟻觀察的範例中，繪圖讓學生對於有關螞蟻身體構造的字彙與知識更為豐富。觀察也形成了螞蟻如何看見與如何找到路的問題。

在 Gross 與 Teubal（2001）所進行的研究中，幼兒園孩童透過顯微鏡看到水如何穿透砂土與壤土兩種不同土壤之間。孩童被要求解釋兩種不同土質的滲流結果：當水滴在砂土時，幾乎立刻消失，而滴在壤土時，卻會形成小水窪。所畫的圖要聚焦於孩童對於土壤細粒的觀察，讓他們即使在顯微鏡撤除後，也能記得觀察結果。繪圖讓報告觀察結果更為容易。例如，一位小女孩解釋「砂土有比較大的洞」（與壤土相比）。她所畫的砂土繪圖，藉由較大的圈圈來代表砂土，而壤土則是較大的塊狀上面有小點，代表著這個塊狀物是由許多黏附著水的小顆粒組成，因此水較無法滲透（見圖 2.9）。

壤土　　　　　　　　　　　　　砂土

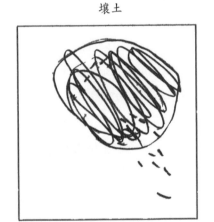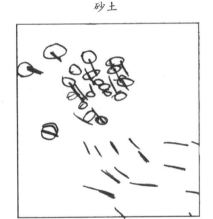

圖 2.9　一位幼兒園小女孩對於「為什麼水滴到砂土比滴到壤土較快滲透消失？」的「圖示解答」。（此二繪圖是透過四十倍顯微鏡觀察後畫出）

很明顯的，這兩種解釋，各自採用不同的方法，但都以語文和圖畫相互補充。兩種解釋之間的分歧與不協調（Goldin-Meadow, 2003），讓老師得以利用其「近側發展區」（Vygotsky, 1978），邀請中介介入：提供孩童充足的字彙（可加強其概念化），進而以語文的方式建立其理解。

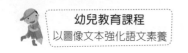

科學性繪圖做為步驟與架構的模型

以繪圖來說明科學文本中的步驟與架構，是支援訊息性內容的一種方式。繪圖比語文文本更能精準的呈現出文本中所描述的現象要素，以及其相互關係；尤其是傳遞空間訊息時更有價值。

當伴隨著簡短的解釋與標題時，繪圖更能夠達成其目的，因為如此能夠吸引並引導讀者到圖中的特定物件上。符號能夠引導注意力，例如箭頭，同樣能讓讀者理解（Peeck, 1993）。沒有任何一種圖的次類型是簡單易懂的，都需要一定程度的讀寫能力，而針對科學性繪圖更是如此。對於孩童與大學生也都是一樣的；當孩童看一個太陽系系統的繪圖（Ehrlén, 2009），就如同大學生學習如何製作一張圖來表徵化合物一樣（Pozo & Lorenzo, 2009）。

科學性繪圖並不是勾畫出真實，而是繪圖作家將真實概念化。這代表同樣的真實可以用許多不同的方式來表徵。表徵訊息的方法可以促進某些工作的執行，相反的，也能夠讓某些工作變得更困難。Schnotz 與 Bannert（2003）進行一項研究，在研究中，他們讓成人受試者看地球緯度的線條（還有時區）繪圖。其中一組受試者看了一個形狀像是圓圈的星球，就如同自北極往下看；而另一組受試者看的則是畫出一個長方形的表格，跨越整個星球上的大陸。結果顯示，藉由比較閱讀一段沒有圖的文字，第一個圖（圓圈的星球）可幫助受試者回答有關跨越時區的問題；但當告訴受試者其中一點的時間後，受試者卻很難計算星球上某個點的時間。第二個圖（長方形的表）對閱讀沒有圖畫的文字的幫助則完全相反。然而，當人們針對某主題取得與保有更多資訊時，每個個別模式對知識的理解與使用所帶來的影響卻降低了（Schnotz & Kürschner, 2007）。

許多研究都要求參與者畫圖以展現他們所繪主題的相關概念（Best, Dockrell & Braisby, 2006; Ehrlén, 2009; McGregor, Friedman, Reilly, & Newman, 2002; Vosniadou, 1994）。

當孩童在課堂上被要求創作出他們自己的科學性繪圖，可發現訊息能更深

入的被處理，但繪圖也有著讓錯誤結論永久存在的風險（Peeck, 1993）。在一種稱為「講述繪畫」（Talking Drawings）（McConnel, 1993）的教學法中，在開始學習之前，孩童被問到他們對於某一個主題知道些什麼。依據孩童所提出的想法與字彙，孩童對於主題的先前知識，都會在畫作與討論中被揭露（見圖2.10）。針對孩童所繪製之圖畫的討論，會展現孩童的想法與洞察，讓教學者可以更有效率與更妥善的進行教學規劃。當學習時，孩童被要求彼此討論各自所繪製的圖畫，記錄或寫下觀察，或是重新繪製一張圖。記錄或繪製新的圖畫的過程，讓孩童可以將學習到的新知識和他們在學習前便知道的知識結合（例如，訂定題目「地球是圓的還是平的？」）。畫作可以拿來討論與重新安排，並成為分享社會經驗與建構知識的工具之一。利用畫畫可以增加孩童學習的動機，甚至能夠幫助那些有寫作困難的學生。因此，結合討論、寫作與畫畫，促進了課堂中所習得的知識與字彙的使用，並且使其避免淪為空泛的口號（Acher & Arca, 2009; Brooks, 2003; Paquette, Fello, & Renck Jalongo, 2007）。

　　圖2.10呈現一張一位五歲半女童在學習消化系統之前所繪製的圖。圖畫顯示孩童對於人體消化道的存在是有意識的。然而，根據女童所繪製的圖，液體通道與固體通道是分開的。圖並沒有解釋巧克力如何在人體內被消化而轉化

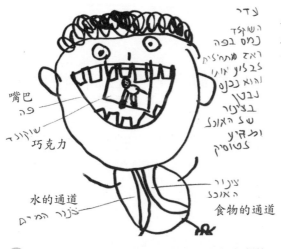

巧克力在嘴巴中融化，接著經過食物通道被吞下肚，而到達屁股

嘴巴

巧克力

水的通道

食物的通道

圖2.10　一塊巧克力如何通過消化系統（感謝 Dr. Elvira Bar 提供繪圖）

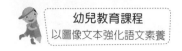

成營養物質。

　　圖 2.11 是一張顯示臭樟腦從一根管子被吸入的素描。管子（圖的左邊）正在排放滴滴的臭氣（圖中間），到達人的鼻子而被吸入（圖右邊）。鼻子下的波浪式線條代表了從空氣中吸入的過程。鼻子被單獨畫出，沒有畫出臉部的其他部位。這種省略是一種選擇過程的產物，放棄了繪畫的真實部分而凸顯了重要的主題。

圖 2.11　一位來自義大利思皮內亞（Spinea）地區四年級小女孩的素描（感謝 Daniela Furlan 小姐提供繪圖）

孩童區分敘事性繪圖與科學性繪圖的能力

　　文本有多種類型，每種類型都擔負著一個共同的社會目標，並有著獨特的結構得以幫助目標的達成（例如說明書、議論文或說明註記等）（Halliday, 1994）。由於文本的類型是促進說話者目標達成的工具，類型的區辨有賴於孩童讀寫能力的發展；鑑定文本屬於哪種類型可以強化其詮釋的能力。然而，從孩童能力發展的角度來研究文本類型的區辨，並且將之運用於不同的情境，

並未有許多延伸的研究（Blum-Kulka, Huck-Taglicht, & Avni, 2004）。為了要查明學齡前孩童究竟能夠創作出多少獨特的敘事性或科學性繪圖，Teubal 與 Guberman（2011）進行了一項研究，在研究中孩童被要求畫兩張不同的畫：

1. 一幅盡可能精確的圖畫。要求孩童為了考試畫出一隻螞蟻，如此一來以後考試時可以把畫拿出來放在面前回憶螞蟻的模樣。繪畫的過程由一位老師居間傳達，第一步向孩子解釋清楚繪畫的目的，接著讓孩子將注意力集中到螞蟻身體各部位的數量、大小、顏色、位置等。藉由老師居間傳達，比起讓孩童自己摸索，孩童能夠更仔細、且擁有更持續的專注力來畫這幅畫。然而，孩童發現這項作業很吃力，因為不像以前他們都可以隨意發揮。

2. 在伊索寓言「螞蟻與蚱蜢」故事中一個螞蟻的圖畫。[12] 在實習老師說了這個故事的兩星期後，每個孩童分別由研究者帶到幼兒園一個安靜的角落進行訪談。孩童被要求重新講述故事。訪談者記錄孩童重新講述的故事，並要求孩童說出他們特別喜歡或特別不喜歡那隻螞蟻的特質為何（例如：吝嗇、精力旺盛、殘酷）。之後，孩童被邀請畫出他們自己版本的故事，並鼓勵他們畫出重要的螞蟻特徵。

　　研究問題在於：學齡前孩童所繪製的畫，是否清楚的反映出研究主題兩項工作之目標及兩者之間的不同？這兩項工作分別是所描繪之螞蟻的主要角色，和顯示出螞蟻主要的實體特徵。這兩種文本類型之間的區辨雖然對成人觀察者很明顯，但是否是孩童要展現的？或者是當其他孩童看著同儕所繪製的圖畫也能夠區分兩者不同之處？最後，到底繪圖中的哪些特徵是明顯的區辨之處？

　　研究結果顯示，成人與四到六歲的孩童，都能夠辨認出不同類型的繪圖（見圖 2.12a 與 2.12b）。相對於敘事性繪圖，科學性繪圖較為實際。相對於科學性繪圖，敘事性繪圖較大，色彩也較為豐富，螞蟻更有著較多的臉部表情

12　「螞蟻與蚱蜢」寓言最早出現在伊索的著作中，背景是夏季，當食物充足，螞蟻儲存食物於蟻丘，但蚱蜢卻在玩樂。當冬季來臨時，飢餓的蚱蜢向螞蟻求救，但螞蟻卻轉過頭去，告訴蚱蜢「繼續玩」。

圖 2.12a　螞蟻的科學性繪圖　　　　圖 2.12b　「螞蟻與蚱蜢」寓言中的螞
　　　　　　　　　　　　　　　　　　　　　蟻之敘事性繪圖

與不恰當的身體部位（如手指與鼻子），以及對於情境的描述（例如一棟房
子、籬笆或是植物）。

　　每一幅孩童所繪製的圖畫都是許多複雜的考量與選擇的成果，包括畫畫
的目的、每種類型的特徵、美學考量、慣例與其他因素（見圖 2.12b 房子的設
計）。無論孩童身為繪畫者或是評判者，他們都能區分兩種圖畫類型以及各
自的特徵。這樣的結果從他們的圖畫與判斷中就可以看得很清楚。研究結果顯
示，早在四歲時，不同的圖像類型可以並存在孩童的「工具箱」內，而不會因
為其中一種圖像存在而刪除另一種圖像。介紹孩童認識不同類型的圖像，可以
讓孩童以不同觀點來描繪同樣的主題，並意識到每一種圖像類型的限制，以及
其在不同的社會文化目的中所扮演的角色（後設讀寫的覺知）。結果亦顯示，
在學齡前之教育場所將這兩種圖像類型介紹給孩童，是有極高價值的。

　　以下是一些注重孩童區分科學性繪圖與敘事性繪圖的幼兒園教學範例，
此舉同時也從中獲益，得以支援孩童概念化與增加字彙的過程。請關注老師
如何將孩童使用的指示語表達（deictic expressions）用合適的內容詞（content
words）取代。[13] 範例以 Rina Hushinsky 老師的第一人稱來呈現：

13　指示語表達代表指示某個對象而非命名。例如，這個、那個、那裡。指示語表達經常被不熟
　　悉適當的特定情境專門用語的說話者拿來利用，或是不習慣使用特定用語者。成人使用特定

我們走到戶外的一個花園，看到兩株有著葉子、花蕾、花朵和果實的茄子幼苗。其中一株已經長出一顆圓形的茄子，而另一株則有一顆瘦長形狀的茄子。我們觀察著植物和它們的不同之處，我告訴孩子們我們應該試著記住植物現在長得什麼樣子，因為它不停的在改變與成長，所以我們應該追蹤植物的成長，之後再回來看它們長得如何以及改變為何。我問 Raphael 他在那株植物上看見了什麼？Raphael 說，「茄子。」我問那顆茄子是哪裡來的？Raphael 指著植物的莖說「從這裡長出來的」。我回答，「對，茄子是從莖長出來的。」接著，我說，「讓我們看看植物的其他部分有些什麼。」Raphael 指著其他部位說，「有花、葉子……還有那個。」我說，「對，植物有花、葉子跟花蕾。」

　　我開始畫那棵植物，並且問 Raphael，「你要從哪裡開始畫？」Raphael 指著植物莖的底部說，「從這裡開始。」他畫了莖，加上嫩芽，並說「我正在畫花蕾。」（這個字是在我們對話開始時他所不知道的）。我重複著 Raphael 的話說，「你正在畫花蕾，畫出花蕾很重要，因為當我們下次回來看時，我們就知道花蕾長大多少。」Raphael 接著畫了一片直接連在莖上的葉子，並說，「我在畫葉子。」我重複著說，「對，畫葉子也很重要，我們再看另一片葉子，看它如何連在莖上。」Raphael 說，「它是連在莖上。」我回答，「對，葉子是經由一條細細的莖，也就是葉柄，連在較粗的莖幹上。」我們觀察並看見所有的葉子都是經由葉柄連在植物上。Raphael 選擇了一片在上面的跟一片在底部的葉子。我要求 Raphael 畫莖幹，但他說，「我不知道怎麼畫。」我告訴他，「你看，葉子是鋸齒狀，像牙齒一樣。」Raphael 問，「像這樣？」然後畫了一條鋸齒狀的線。我說，「沒錯，你畫得很好。」

　　接著，Raphael 畫那顆細長狀的茄子。我說，「你現在在畫那顆細長

情境的表達語，能豐富孩童的字彙，即使在缺乏支援的情境中，也能讓孩童可以更精確與清楚的表達自己。重要的是能夠提供孩童適當的詞語，而非期待孩童從記憶中抓取詞語來使用。

狀的茄子。」我們看著茄子的花萼，我說，「你看花萼的大小。」然後 Raphael 指著嫩芽說，「花蕾比花萼還大。」我說，「對，花蕾上的花萼比較小。」

接著 Raphael 選擇畫了第二棵植物，上面有更多圓形的茄子。我們談論到兩顆茄子的不同之處。Raphael 說，「這顆比較小，那顆比較大。」我說，「這邊有兩種不同種類的茄子，這種是有長條形狀的茄子，而這種是橢圓形的。」Raphael 注意到茄子的顏色，並描述茄子是閃亮跟光滑的。Raphael 想要畫更多葉子，而我說我們應該要畫植物的其他部位，這樣我們才能夠記得並觀察植物的成長。例如，花的部分，我指出花瓣、花萼與雄蕊。Raphael 數了花瓣與雄蕊，然後說，「雄蕊是粗的。」我說，「對，雄蕊長得較為肥厚。」

我們進一步比較科學性繪圖和聽完故事後進行的敘事性繪圖，發現其對話是不同的。就如同我們從同一位幼兒園老師的另一段對話聽到的：

我跟 Raphael 講一個名為「花園中的婚禮」[14]的故事，後來也談論到這個故事。我問 Raphael 他對於故事中的小黃瓜爺爺有什麼想法？Raphael 說小黃瓜爺爺羞辱了茄子，這不是件該做的事情。我說羞辱茄子的確不是件該做的事情，接著我問 Raphael「新郎」當中他最喜歡哪位？Raphael 選擇了茄子。整段對話我用了適合學齡前孩童的語言。我使用了新的字詞，例如「祖父的行為」、「紅蘿蔔不尊重番茄的意見」與「當你的意見不受到尊重時你會有什麼樣的感覺？」Raphael 回答他不喜歡那樣。

---

14 這是給學齡前孩童的一個故事，有關一位小黃瓜爺爺和他的朋友紅蘿蔔的故事。他的朋友一直試著幫番茄（小黃瓜的孫女）找對象。番茄拒絕了每個求婚的對象（包括不同種類的蔬菜，像是馬鈴薯與蔥），卻與黝黑的東方王子茄子陷入愛河。小黃瓜爺爺和他的朋友否決了茄子，但在花園社區的一連串抗議之後承認錯誤。之後番茄與茄子結婚，並育有一個孩子。

Raphael 的科學性繪圖（見圖 2.13a）是以非常高的精確度畫出。他觀察細節、尺寸與顏色，畫出他所看到的。然而，敘事性繪圖（圖 2.13b）則受到想像力的影響，Raphael 畫進了故事本身並沒有提到的事物，他將蔬菜添加了笑臉、腿跟手臂。

圖 2.13a　茄子的科學性繪圖

圖 2.13b　茄子與番茄的敘事性繪圖

運用繪圖進行的活動

實習老師的活動

對於孩童繪畫的態度

　　下列活動的目的在於提高實習老師對孩童繪畫有多元的覺知。

　　建議研究：實習老師可以訪問幼兒園教師、學校老師與父母親，以了解他們對於孩童畫畫的態度。我們建議讀者去讀 Rose、Jolley 與 Burkitt（2006）的文章，以參考可能的訪談主題。實習老師也可以訪問孩童，詢問畫畫對他們而言，扮演了什麼樣的角色。受訪者在這些態度上是否有著系統性的差異？從訪談中是否可知為何當小孩年紀越大就越少畫畫？成人的態度與幼兒園將繪畫整

合進活動的幅度之間是否相關？

類型的覺知：以下建議的三種活動是設計來增加實習老師對於不同的繪畫類型、繪畫目的及繪畫特徵的覺知。前兩種活動包含了本章所討論到的繪畫類型實際手做的經驗，第三種則是新的類型。

●● 敘事性繪圖

我們建議選擇一本有關植物或動物的兒童故事書（例如：《狼和七隻小山羊》、《三隻小豬》、《好餓的毛毛蟲》），並要求實習老師畫出其中一個場景。實習老師畫出的繪圖如何結合真實與想像的細節呢？是否顯示出擬人化的觀點？繪畫與真實物品的大小比例如何？用了多少種顏色？繪圖者如何在畫紙上處理立體的呈現？

●● 科學性繪圖對於觀察與溝通的貢獻

在此活動中，實習老師被要求觀察與描述一種昆蟲或是植物，並擬出一些相關的問題。接著，實習老師被要求再次觀察與描述相同的物品，這一次加上素描。實際的繪畫動作是否增加了對於第一次觀察時不明顯之細節的注意？畫中是否有任何額外的細節在語文描述中沒被提到？對於細節的數量、位置、大小比例與觀察之後所產生的問題要多加注意。

另一個建立繪畫在概念化過程中的認知程序，要求實習老師提供那些並未參與活動的實習老師各階段之語文的描述。如：要求實習老師描述昆蟲或是植物長什麼樣子？哪些實習老師能提供更精確、更詳盡的描述呢？

●● 繪圖的分析

此活動包含實習老師觀看由自己選擇，且適合不同年齡層之不同類型的圖畫文本。繪圖分析著重在尺寸、位置、顏色的組成。顏色的組成是否讓眼睛看來舒適？包含多少訊息？是否強調或是混淆所要傳遞的訊息？是否有標題？標題是否和圖畫相符？繪圖是否能夠引起讀者注意相關的細節？文本是否將讀者

交付給圖畫？如何交付給圖畫？從繪圖中、從文本中，或是從兩者結合中，能學習到什麼資訊？

從繪圖的角度來比較書本。有著相同內容的不同本書或是不同類型的書都可以拿來做比較。檢驗目標年齡層對於上述所提變項的影響。

幼兒園的畫畫與繪圖活動

我們要記住，孩童的表現水準是受到他們所接受的教學與所浸潤的教學介入品質影響。因此，所選擇的活動應該要能幫助孩童掌握目標；活動是設計來達成與解釋繪圖如何能夠幫助他們達到這些目標。因此我們試圖讓孩童體驗一系列不同的畫畫與繪圖，讓其能夠在有意義的活動中成為夥伴。

不同類型的畫畫與繪圖的觀察

不同類型繪圖之間的比較，可以幫助孩童理解文本主題與伴隨之圖畫的特徵，兩者之間的關聯，也可以區分不同類型的繪圖。舉例來說，孩童可能在報紙文章上看見一幅青蛙的圖畫，報導內容是公車司機停下公車救了一隻跳到馬路上的青蛙；在小說故事中王子變成青蛙。[15] 或是可做為科學觀察的一部分，觀察在冬天水窪中蝌蚪的成長。檢視各種不同類型的圖畫，是很值得的（例如，與整幅畫相比，青蛙有多大隻？哪張圖讓青蛙比較有擬人化的外表？有何獨特的顏色是用於不同類型的圖？）如果要求孩童看現成的圖畫，並選擇符合文本的圖畫，並解釋為何選擇這張圖，也是很有用的教育方式。

使用或不使用照片做為繪圖的輔助

此活動是設計來提供孩童一個共同資源，讓 3D 立體影像呈現於平面的紙上。照片是達成此目的的一種傳統工具。拍攝孩童參與幼兒園各種活動的照片（也能使用物品或風景的照片）。讓孩童觀察照片並自行繪畫（或是其他拍成

15　由格林兄弟所著之《青蛙王子》。

照片的東西）。利用照片有許多好處，平面的物品比較容易呈現在頁面上，允許比較長久的觀察，因為有些事物事實上會快速的變化（人與動物的移動、風吹拂過樹葉、日光與陰影的改變）。同時，照片也讓孩童能夠觀察自我。

建議研究：要求孩童與成人透過觀察真實物品與真實物品的照片畫畫，比較結果，以便評估照片對於 3D 立體影像呈現在平面頁面的效果。

●● 繪圖的分析支援批判性閱讀

分析繪圖旨在提升批判性閱讀。孩童可以在熟悉的文本上檢視一幅圖並表達他們的意見，圖中的資訊是否與書面文本相符？圖中出現了什麼是在書面文本上並未出現的？什麼東西是在書面文本上出現卻未在圖上出現？圖畫是否替書面文本做了補充，是互相牴觸或是毫無相關的？請孩子們提供一幅他們自己的圖。

●● 科學性繪圖作為一種焦點觀察的引導工具

科學性繪圖可以強化科學觀察，因此，最重要的是將圖併入科學主題的研究。舉例而言，追蹤幼兒園孩童在學校栽種的植物之成長與發展、觀察蠶寶寶的生命週期，或對於天竺鼠進行實驗以發現牠們喜好什麼樣的食物。為了引導孩童去發現哪些細節值得進一步檢驗、如何記錄其所觀察到的，觀察可受益於大人的監督。例如，所栽種種子的數量，萌芽期間種子有哪些變化，有多少種子分別在日間或夜間萌芽？

對於孩童而言，很重要的是記錄下觀察的物體由哪些不同的部分組成？其位置、相關的尺寸、顏色等等。觀察應該要伴隨著大人與孩童間的互動，引導孩童將普遍的直覺表達改為與主題相關的科學術語（例如，稱植物剛長出來的「芽」而非「那個小東西」）。在孩童完成了他們的觀察與圖畫後，很重要的是要將圖畫存放在容易拿取的地方，並避免被撕破損毀，如此才能在之後重複

運用。[16] 經常與持續的使用觀察紀錄，才能有實質意義。

　　針對主題的討論，才能讓問題獲得解答（如，芽的作用是什麼？快速成長的條件是什麼？為什麼？）。觀察也能導引出更多的問題，與更進一步的觀察（例如，喜歡紅蘿蔔的天竺鼠連煮過的紅蘿蔔都吃）。可以進行長期的追蹤與進行不同條件下的比較（例如，天竺鼠在冬天和夏天是否吃同樣份量的食物？）。

　　觀察紀錄讓孩童能夠與同儕（或其他觀賞者）分享觀察的結果。針對先前觀察的討論也能提供很好的機會去討論繪畫：對於並未實地去觀察的孩童來說，觀察紀錄的意義是否夠清楚？對於實地製作觀察紀錄的孩童而言，在一段時間之後是否會印象變淡或甚至忘卻？如果答案是否定的話，那麼我們便可以得到結論：如何製作紀錄，才能讓這份紀錄在未來以及對於並未實地觀察的孩童，在一段時間之後依然清楚。除非能夠重複運用繪畫與觀察，不然，費心準備這樣的紀錄是毫無意義的。

　　對於不情願繪圖的孩童而言，因為通常是由老師利用字詞與手勢中介孩童的繪畫，若鼓勵他們參與能夠引導老師繪畫的觀察活動，也可能得到類似的效益。在繪畫時，老師可以重複孩童的指示，以恰當的內容文字來取代孩童使用的指示語表達。如此，當孩童專注於指示對象時，老師可以讓孩童在確切的時刻接觸到相關的字彙。此外，老師可以添加確認的聲明 [17] 以使孩童能注意到重要的特點。

　　對於逃避畫畫的孩童，還有另一個選擇，那就是讓他們透過黏土來表徵所觀察的物體。這也提供了一個類似的機會，以語文來中介學習與提供有焦點的觀察。

　　建議研究：比較孩童使用黏土之前與之後的繪畫。

16　將圖畫置於透明的塑膠文件套中，並歸檔於多孔夾內，依主題分類，是一個好的保存方法。這讓孩童之後可以加入新的觀察結果，隨著時間記錄整個過程。

17　如前例所示，Rina Hushinsky 的建議：「我們再看另一片葉子，看它如何連在莖上。」

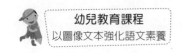

●● 繪圖對於文本理解之影響

本章最後一個提議的活動，目的在於讓實習老師可以自我檢視敘事性繪圖是否能夠讓孩童更為了解故事文本。

建議研究： 此研究需要至少有兩個群組。兩組的孩童都聆聽相同的故事。一組同時看繪圖與文本，另一組則沒有。之後，孩童會被要求畫出文本，或是針對不同的問題給出口語和圖畫的答案，例如：這個故事的主要英雄是什麼樣子？這位主要英雄的房子長什麼樣子？故事發生於何處？口語的答案與圖畫可以拿來比較孩童對文本的理解，也可以拿來比較孩童所提出的不同點子。Scheuer、de la Cruz、Pozo 與 Huarte（2009）提供了一個有趣的研究範例，在此範例中對於孩童認為繪圖對學習之貢獻進行訪談。

3 照片

一種經濟且具有效益的 記錄與溝通媒介

我們身邊隨處都可見到照片。這些年來，特別是「數位革命」之後，製造、加工、儲存和散播照片變得更容易且便宜。這過程造成了照片在數量與使用上的大量增加。

本章我們將定義攝影技術，並考量其文化與社會面向。我們將回顧照片理解之發展的相關研究發現，找出於教育結構內攝影技術所可能扮演的目標與角色。[1]

攝影

在攝影的過程中，圖片表徵（pictorial representation）被創造出來。一張照片，藉由注視著光線穿過小孔而產生。在發展初期，攝影的演變來自用於繪畫上漆的科技，目的在於將 3D 立體世界轉換到二維平面。暗箱（字面的意義便是黑暗的房間）是一個封閉的小房間，在其中一邊有一個小細縫。從物體反射的光線，穿透細縫，在相反的一邊形成一個顛倒的影像。自文藝復興時期以來，暗箱提供畫家完美的透視投影。知名畫家 Pierodella Francesca 在 15 世紀便利用暗箱來創造 3D 立體的照片。在 16 與 17 世紀，小孔功能改善，做為

1　既然能夠做為延長觀察時間與重複觀察之用，本章節我們主要針對靜物攝影。大部分研究並未區分靜物攝影與影片、電影之不同，所以僅當與主題相關時，我們才強調其差別。

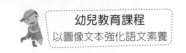

從一個方向插入光線的方法，鏡頭因而被開發出來。銀版攝影法於 1839 年發明，被認為是攝影的正式起源。攝影術的發明者 Daguerre，為保存暗箱牆上的影像，使用銀版與水銀蒸氣（Wright, 1999）。

在類比攝影中，相機捕捉的光線會造成底片或另一種敏感材料產生化學反應。在數位攝影中，光的模式是二進位編碼並儲存成一個檔案（Wright, 1999）。

攝影的類型

在第二章「畫畫與繪圖」中，我們提出一個論點，認為文本有多個類型，有著共通的社會目標與典型的結構（Halliday, 1994）。正確辨認出某特定文本類型的特徵，讓理解文本變得更簡單。有能力創造不同類型文本讓發送者更有效率的達成目標。

攝影有許多種類：新聞攝影、商業攝影、資訊攝影、假期旅遊場所攝影、風景攝影、家庭照片、人像攝影、藝術攝影等。以上所述之種類，各自有其次類型。

接下來我們討論與學齡前教育特別相關的幾種攝影。

資訊攝影

資訊攝影所拍攝的物品或事件，是提供訊息的。例如，場地的照片、不同文化典禮或儀式的照片、新產品的照片、製造過程等。

科學攝影是資訊攝影的一個次類型。與其他資訊類攝影相比，科學攝影要盡量精準的呈現出細節，以及精確的區分重要與不重要的細節。科學攝影擴展了我們對於世界的知識，因為它們能夠呈現出人類視覺能力以外的資訊：子宮內的胚胎、細胞器官、天文現象等。圖 3.1a 展現一種稱為「葫蘆巴」的植物種子外皮。這層外皮被放大 5400 倍，種子的長度僅有一公釐。圖 3.1b 是 2007

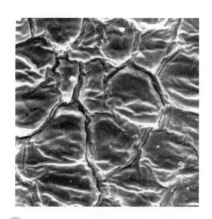 

圖 3.1a　葫蘆巴種子外皮，放大比例 1：5400

圖 3.1b　火星上看到的地球與月球（美國太空總署／加州理工學院噴射推進實驗室／亞利桑那大學 www.nasaimages.org）

年 10 月 3 日由美國太空總署火星探勘軌道飛行器所拍攝，從火星上所看到的地球與月球的影像。這些照片都展現出人類藉由科技與圖像文本克服生物力學的限制。[2]

新聞攝影

　　新聞攝影是新聞的一種，對於同時發生的事件提供影像訊息。今日，因為便宜與高品質相機容易取得，以及發送照片的方便性（大部分是因為智慧型手機），業餘攝影師與一般民眾拍攝分享新聞照片持續增加（Jeffries, 2010）。這種現象是公眾趨勢的一部分，使用科技（部落格、專業新聞網站、獨立網站、社交網站寫作等）創造、提升或檢查新聞文章，此現象稱為「公民新聞」（Glaser, 2006）。

2　從特殊的角度看地球的照片：
http://www.scientificamerican.com/slideshow.cfm?id=earth-from-space&photo_id=2D5DA877-B552-167A-E15EB667C4B5E3DD（建議關鍵字：views earth moon mars）
胚胎的照片：http://www.future-babies.co.uk（建議關鍵字：embryos photos）
超小物體的照片：http://www.nikonsmallworld.com（建議關鍵字：Nikon small world）

由於照片與被拍攝的物品有明顯的相似之處，新聞攝影被認為是以一種可靠與真確（「客觀」）的方式記錄拍下的真實情況。事實上，每幀照片是一份聲明（statement），因為攝影者必須利用相機在許多的意見中選擇一個單一的意見，聚焦於某物體上，其他物體省卻於照片中或是置於背景，以合適的角度與距離去看被拍攝的物體等等。[3]

同樣的照片，不同的社會可能有不同的詮釋。例如，記錄 2004 年在阿布格萊布被虐待的伊拉克戰俘的照片，[4] 西方世界的觀眾認為是要揭露真相，停止虐待，並要求將主事者繩之以法。然而，阿拉伯世界的觀眾認為那些照片是要讓被監禁者蒙羞，剝奪其隱私權並讓穆斯林戰士害怕美國的威力（Quinn, 2009）。

每個社會都有著代表情緒與象徵意義的視覺影像。對新聞攝影而言，某些照片在社會上有著「神話」般的地位。這些照片逐漸滲入社會成員的記憶，除了在特定時間或空間記錄特定人員，也象徵著被拍攝的歷史事件的期間或是現象（Wright, 1999）。這類攝影作品的例子包括：阿姆斯壯登陸月球、[5] 汞中毒的水俣病[6] 與華沙猶太人區。[7] 拍攝這些懷舊物體的影像，創造了照片與影像間的互文關係，也賦予照片意義。例如，1945 年二次世界大戰期間，美軍於硫磺島戰役戰勝日本之後，美國士兵升起美國國旗的照片（圖 3.2）。

在第二次波斯灣戰爭（2003 年開始）後，這張照片被當成製造一張新照片的基礎，旨在批判美國與英國侵略伊拉克，以其嘲諷士兵的愛國心，在這個

3　照片之科技面向的仔細分析，以及之間的關連，與所做之聲明可於 Wolfe、Sheppard 與 Jones（2013）的文章中找到。

4　見 http://antiwar.com/news/?articleid=2444。建議關鍵字：abuse Abu Ghraib。注意，影像可能不堪入目。

5　圖片可見 http://www.nasa.gov/multimedia/imagegallery/image_feature_196.html（建議關鍵字：NASA man moon）

6　觀看 Eugene Smith 所拍攝之照片：http://www.pixiq.com/article/minamata（建議關鍵字：Smith Minamata）

7　可參考 http://www.daat.ac.il/warsaw/photos/children.htm（建議關鍵字：Warsaw Ghetto children）

例子中的照片是以利益為目的。在這張照片中，諷刺模仿士兵是升起鑽油塔而不是國旗，很清楚的呈現出波斯灣戰爭是一場為了油價而起的戰爭。選擇這類的照片並理解其背後原因，需要有相當程度的媒體素養，以及對於文化有相當的熟悉度。

使用圖像傳達訊息是一種介於記錄真實狀況與創造真實以達成社會或政治目的之間的連續體。在此連續體的極端，有著假造的照片。舉例來說，圖3.3是一張偽造照片，呈現一架直升機從鯊魚口中救出一位泳者。現今社會以科技方法所創造出的偽造照片已更為精細與難辨真偽了。

圖3.2 於硫磺島立起美國國旗

圖3.3 公海救援（偽造照片）

照片做為建構個人與集體記憶的工具

許多照片都被人們、家庭與社會保存著，因為這些照片保存與建構了過去的記憶、重要里程碑的典禮（如婚禮、畢業典禮或奧運開幕典禮）、有意義的經驗（如旅行、家族聚會或歐巴馬的就職典禮）、人像等。

照片保留了過去，但同時也提醒著世界從未停止改變。觀賞照片的當下與拍照的當下之間的差異，需要隨著時間的改變而有不同的詮釋（Wright, 1999）。我們依照目前的生活態度，詮釋記錄我們個人歷史時刻的照片（Modell, 2003）。當 Barthes（1981）在母親過世後看著一張她七歲時的照片，他強烈的感受到拍照當下所凍結的時間與「現在」這個時間點，兩者之間存在著差距。著名的鐵達尼號的照片，原本要被拿來當做讓大眾銘記在心，記錄偉大時刻的照片，卻在沉船的災難後變成虛榮與輕忽的象徵。

建構記憶之照片的其中一種次類型，便是自我呈現。這裡指的自我呈現中的被拍攝者，他們希望看見自己，也希望別人看見自己。圖 3.4 呈現 1952 年

圖 3.4　手榴彈投擲練習。照片攝於 1952 年一個新兵訓練營

據說是在練習投擲手榴彈的女士兵。照片是替以色列軍隊官方的報紙所拍攝，意在提升女性形象，而非戰士的形象。被拍攝的士兵穿著燙過的制服，她們身體的輪廓清晰可見。

　　屬於這個次類型的照片，與日常生活真實的狀況，有著不同程度的相似度（見圖 3.4、3.5a 與 3.5b）。在光譜的一端，照片記錄著日常生活活動，這些日常生活日後將被用於自我呈現；例如，孩童們遊戲、唸書或繪畫。在光譜的中間部分，出現特別狀況的照片；例如，沙龍照、婚禮照片、國會議員宣誓就職等照片，都是用來自我呈現。在光譜的另一端，是一些與現實生活完全無關的照片；例如，為了要呈現比原本更好的外貌，透過 Photoshop 軟體製造出來的照片，或是虛構背景（充滿異國風情的景色與貴重的物品）的沙龍照（Mustafa, 2002; Pinney, 2003; Allen et al., 2002）。

圖 3.5a　一位四歲女童站在黑板旁。被拍照的女童知道相機在拍她，試圖讓觀賞者留下好印象。她站得很直，面帶微笑，並且假裝在寫字

圖 3.5b　一位四歲女童正在參與幼兒園的活動。拍照時，沒有特別的演示，女孩並不知道相機正在拍她

前述的類型並不會互相排斥，舉例來說，一張政治人物集會的照片，可以用做新聞照片，也可以用做自我呈現的照片。同一地區的全體居民可以利用其他人所拍的照片以保存歷史與家庭的記憶。那米比亞當地社區利用殖民時期的照片來辨認親戚與記錄歷史，便是一個很好的例子（Hayes, Silvester, & Hartmann, 1999）。因此，不同的使用途徑可以並存，而且不一定要與當初攝影的目的相符。

喚起情緒反應的照片

與語言類似，照片也能傳送細微、複雜與模糊不清的訊息（Ritchin, 1990）。「月光下沒有維也納的地圖」（There are no maps of Vienna in moonlight）（Gombrich, 1975, p. 127）這句話便暗示了這類照片最能傳遞的訊息，亦即傳遞氣氛與情緒。喚起情緒的照片是許多照片類型的一種次類型：人像、風景照、商業照片、新聞照片、藝術照片等。圖 3.6 是一張要引起人們同情心的寂寞狗狗的照片。

圖 3.6　一隻悲傷的狗。Asaf Sagi 先生拍攝

因為在照片與被捕捉到的現實之間存在相似性，照片能引起強而有力的情緒共鳴。在前面的段落中已經顯示，使用有著強烈象徵意義的視覺影像，能在觀眾間創造強而有力的情緒反應。然而，反覆的接觸照片可能會減弱它們的影

響力。某些照片可能流於陳腔濫調，類似的照片便無法再吸引人們的注意力。舉例來說，一開始人們對於非洲饑荒的照片很有感覺，但漸漸的卻不再有反應。遭逢饑荒是一回事，與這些饑荒的影像共存又是另一回事，因為這不一定能增強良知與同情的能力。一旦見過這樣的影像，接著就會看到更多。影像刺穿人心，影像也使人麻痺（Sontag, 1977, p. 20）。

為了要達成一種情緒效果，照片的科技面向，例如光的強度、顏色、對比、組成與焦點，都必須列入考量。比如，低光度適合憂鬱或浪漫的照片，黑白對比可創造出害怕的效果，藍色與綠色則有鎮靜的效果等等（Barenbaum, 2010）。

🐦 策展

策展是創造整個展覽的環境。策展的許多面向在此應該被拿來討論。

策展者：策展者有意圖的設計整個展出。策展者選擇要展示哪些圖片，和圖片如何被呈現——吊掛、放在相本中，抑或發送報紙或放於網站上廣泛發送，以及哪些題字適合每一張照片與整體展出。

展覽的整體環境：展覽的整體環境指的是圖片被呈現的不同位置。不同的位置意味著類別與不同的詮釋。有句諺語「明日黃花」（Today's news, tomorrow's fish wrap）便反映了這種周圍的狀況對於詮釋之影響：在報攤，報紙上的圖片是最熱門也最被討論的新聞，而當成包魚的紙張時，那張圖片卻毫無用處。

鄰近的人事物：鄰近的人事物是整體運作的基礎。展出單張照片，可開放性的讓參與者有各種不同的詮釋；展出許多張照片彼此相鄰，可以讓觀賞者找出照片間的關聯性。例如，一張在一群人當中的一名女子的照片，強調該人群的共通點；但相同的照片若依照拍照時間先後順序排列，則讓觀眾注意照片中的女子隨著時間而產生的改變。

　　題字：通常題字是將照片本身無法提供的資訊以文字加上去，例如：替拍攝的物體命名（見圖 3.1a），或是確定照片的時間與空間（見圖 3.4）。有時候題字可以引導觀眾認為該張照片就是文字所預期的意義（見圖 3.7）。

圖 3.7　「一隻貓鼬」或「人們看起來好怪異！」

對於物體—攝影—照片關係理解之發展

照片做為表徵的工具

　　通常我們很容易認為在非語文圖像文本中，照片是與顯而易見的真實最相似的文本。理解照片是真實表徵發展的第一步，與理解繪畫是很相似的。[8] 嬰兒從一個月大起，便能意識到**物體與物體照片之間**的相似性（DeLoache,

---

8　見第二章「畫畫與繪圖」。

Strauss, & Maynard, 1979）。研究發現，九個月大的嬰兒會如同對真實物品有所行動一般，嘗試對物品的照片做出相同的動作。例如，去舔照片裡面奶瓶上的奶嘴（DeLoache, Pierroutsakos, & Uttal, 2003）。到了幼兒園的年紀，孩童對於分辨物體與其照片之間的差異，不再有困難，但有些仍然會認為照片中的物體與實際的物體特性會是相同的。因此，三歲大的孩童可能相信一張照片中的冰淇淋摸起來可能是冰的（Beilin & Pearlman, 1991）。

區分物體與其照片之間差異的能力也發展得很早。孩童三個月大時，當讓他們有機會選擇物體與一張呈現物體的照片時，孩童會選擇實際的物品。依據 DeLoache 及其同僚嘗試要求九個月大嬰兒模仿照片中的物體動作之研究結果顯示，九個月大嬰兒缺乏區分物品與物品照片的能力，但他們會嘗試去研究物品的照片，並試圖了解它。

證據顯示，孩童在兩歲大時會利用照片當做**溝通工具**。跟隨著引導，孩童能夠依照照片上所顯示，將一個玩具放到一個房間內（DeLoache & Burns, 1994），並且在照片上指出他們將玩具放在這房間的哪一個位置（Peralta & Salsa, 2009）。

利用照片**表徵真實存在的事物**是一項複雜的工作。有幾個研究針對兩歲孩童發現藏在房間裡之玩具的能力做比較：一組直接觀看玩具被藏起來，一組透過閉路電視觀看。研究發現，大部分孩童在直接觀看玩具被藏起來後，都能夠找到玩具在哪裡；而透過閉路電視觀看的孩童，能找到玩具的比較少（Schmidt, Crawley-Davis, & Anderson, 2007; Troseth, 2003; Troseth & DeLoache, 1998）。在這些研究當中（Troseth & DeLoache, 1998），孩童透過閉路電視觀看玩具被藏起來，但以巧妙手法修飾，讓孩童以為他們是透過窗戶觀看。在此例中，透過俗稱的「窗戶」來觀看，效果還是比觀看電視來得好。若孩童觀看閉路電視播出發生於其所在房間裡的「實況」，找到玩具的成功率明顯增加（Troseth, 2003）。研究者指出，孩童的行動與所觀看之電視影像之間的關係，教導著孩童影片與房間裡的真實情況是相關的，[9]影片**表徵了實際狀況**而非只是類似實際的狀況（表徵的洞察）（DeLoache, 1995）。這項技能稍後能

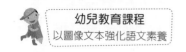
被類化，同一批看過閉路電視的孩童能夠照著靜物照片找到藏在房間裡的玩具。

訓練兩歲孩童使用照片溝通（顯示玩具被放在房間，與依照實驗者的要求知道將玩具放到哪裡），在觀看閉路電視後也能成功找到房間裡的玩具（Peralta & Salsa, 2009）。三歲大的孩童則對於完成這些工作沒有任何困難。

所以，將照片視為一種拍攝真實的表徵方法，也視為一種溝通的方法，這種能力於兩歲到三歲之間便發展出來了。

🌱 攝影技術層面理解之發展及其影響

●● 放大與縮小

Liben（2003）展示不同距離所拍攝之照片給孩童看。只有一小部分三歲的孩童指出距離的差異。然而，大部分五歲大的孩童與幾乎所有成人都能指出距離的不同。部分的解釋為攝影者向前或向後移動，卻幾乎沒有受試者提及焦距改變、鏡頭變化或是列印放大，做為創造同樣效果的可能性。相比之下，我們觀察一個幼兒園孩童從不同距離拍攝同一件物品的活動，在活動之後，他們會看同樣一件物品的照片，也就是從不同距離拍攝其中一個幼兒園玩具娃娃。很快的，他們便發現照片是不同的。他們能夠辨認出哪些是比較遠拍攝的，那些是近距離拍攝的。我們相信在這個例子中，所有的孩童都明白從情境中取得之照片的不同。但是當活動與情境是分離的狀況時，他們必須去猜測研究者是想要聚焦於照片或是被拍攝的物體上；而且通常在語言互動時，對話都會聚焦於拍攝的物體而非拍攝技巧。然而，在互動的步調中，老師將主要的焦點放在

9　論及電視與影片，Troseth（2003）相信西方世界的孩童必須戰勝只有一小部分素材提供有關世界的正確資訊這樣強烈的經驗，螢幕上的角色並不會受到他們行動的影響，也不會回應螢幕前的他們。其他研究者（Peralta & Salsa, 2009）則持相反的意見，反對 Troseth 的解釋。他們宣稱很難去理解為何三歲的小孩在獲得更多經驗後，連結閉路電視中被拍攝的真實與找出被藏在房間裡的物品之工作變得簡單。雖然這些經驗都是螢幕與真實狀況之間無關的經驗。

拍攝照片這個行動上，孩童就會知道那是放大或縮小鏡頭的變化。

●● 視角

在 Liben（2003）的研究中，實驗者向受試者展示從上面與從旁邊不同角度所拍攝的鬱金香照片。三歲孩童會認為照片沒有任何不同，因為都是鬱金香。五歲大的孩童則認為照片是在不同時間拍攝的，那些從上面拍的鬱金香是在花開後才拍的。少數五歲、大部分七歲的孩童與成人，能夠指出其中的差異在於攝影師拍攝角度的不同。現今，當數位相機在幼兒園的使用變得普遍，重複這個實驗應該會很有趣，也可以發現如果孩童多多體驗做為攝影師，是否會有比較好的表現。

●● 濾鏡

Liben 於 2003 年進行的研究中，研究者向父母與他們七到十三歲的孩子展示一對對同樣主題但利用不同濾光鏡拍攝的照片。所有的受試者都注意到其中一張照片比較暗，但所有的孩子與幾乎所有成人都相信這差異來自於拍攝場景的光線多寡。只有少部分的成人（27%）懷疑這效果是來自於相機，只有 7% 的受試者辨認出差異來自於使用不同濾鏡。這樣的結果顯示，在此項任務中正確回答研究者問題的能力，乃是根據對於攝影技術的專精與否，而與發展無關。

●● 使用攝影技術元素創造情境效果

在另一個 Liben（2003）於大學校園進行的研究中，八歲大的孩童與成人（大學生）被要求拍攝一座獅子的雕像，要讓獅子看起來「很恐怖」。大學生以近距離和從後方拍攝獅子的頭部，而孩童則以與視線齊平的高度拍攝，並試著利用不同的附加物讓雕像看起來更可怕，或是拍攝獅子令人覺得可怕的要素（例如牙齒）。由此可知，孩童在拍攝時會著重在拍攝物本身，而成人則使用不同的拍攝技巧，以創造情境效果。當這些照片被拿來展示給其他孩童與成人

觀看時，觀看者都認為成人所拍攝的照片比孩童拍攝的照片更來得可怕。

我們相信觀察拍攝同樣物體的不同照片，是了解攝影技術面向的好方法；拍攝環境的相關要素（例如：當天的哪個時段、季節、背景特徵與職業）也一同創造了情境的氛圍。

●● 孩童與成人所認為的「好照片」

孩童與大學生隨意在校園中拍攝許多張照片後，研究者將照片給他們挑選，選出最喜歡與最不喜歡的照片，並解釋為什麼。在解釋最喜歡的照片時，孩童比成人更常形容拍攝的物體（「因為這展示了一個漂亮的指標和漂亮的花朵」、「因為這張照片裡面有我最喜歡的夏季運動」，p. 29），而成人則比孩童注重照片的品質（「太陽光照下來的方式，讓影像扭曲了，你可以看到像是光譜的顏色出現」，p. 29）。在對最不喜歡的照片的解釋中，與喜歡的照片相比，兩組年齡群都提及比較多技術面向的解釋（「應該要從側邊的角度去拍才能看得更深」，p. 29）。再者，很難判定孩童是意指照片本身或是被拍攝的物體，因為孩童有很多模糊的答案。

此研究顯示真實與理想之間存在的差距，可能是一個很好的交流起始點。交流的面向包括照相技術面向、正確與明確的區分相片品質以及被拍攝物體的品質等。我們相信這樣的活動可以藉由讓參與者從一系列拍攝同樣物體的照片中選擇一張「好照片」來加強。

以上 Liben 的研究所描述的共通之處，在於所有年齡族群都是先提到被拍攝的物體，後提到拍攝技巧；先提到攝影者的行動，後提到相機的功能。即使是成人，也多未覺知到攝影技術所提供的多樣化選擇，許多成人的反應與五到八歲的孩童並無不同。每個年齡層內的差異很大，此兩因素結合顯示，專門知識是洞察攝影技術面向發展的主要因素。被拍攝的物體與拍攝技巧之間的差異，與使用語言以及語言洞察力之發展兩者之間的差異相類似（後設語言覺知）。使用數位相機讓拍攝者可以輕易的拍攝許多相同主題的照片，這提供了攝影者對於立體空間、拍攝動作與被拍攝物呈現於螢幕上的結果三者之間快速

與直接的反饋。這樣的特點要求聚焦在媒體上，而不僅是注重被拍攝的物體、意識到不同觀點的存在，也鼓勵談論挑選照片時的標準（Browne, 2005; Good, 2009）。

　　圖 3.8 是耶路撒冷一名女孩爬上獅子雕像的「壞」照片範例。照片的缺點可以拿來讓孩童評論，也可以要求孩童糾正照片的缺失。如此一來，每位觀賞照片的人才能辨認出雕像，並分辨出孩童是照片當中的主要角色。如未被討論，主要角色可能在此照片中被遺漏，或是參雜在背景中。

　　對於攝影技術面向的覺知，能夠促成視覺識讀能力（visual literacy）的增強，並強化孩童與成人身為發送者或接收者的能力。

圖 3.8　一名女孩攀爬一座獅子雕像

攝影在教育場所中所存在的互動

照片被用於全球各地的教育場所，以發展認知與情緒等面向。例如，Wendy Ewald 於世界各地發起一項計畫（美國、坦尚尼亞、南非、哥倫比亞、墨西哥、印度、沙烏地阿拉伯、荷蘭等），在此計畫中，分別於十個不同的情境，讓老師與孩童將照片當成一種工具，以培養媒體素養、知識、社區意識、情緒幸福感等。[10]

現今有種全球化的趨勢便是在幼兒園使用照片。這種現象因為一些因素的影響而正在擴張：包括相機價格的降低、生產多張照片的成本降低、照片便於長期保存、立即能將照片呈現於電腦螢幕或是列印出來、相對容易「閱讀」的圖像文本，以及孩童在家大量接觸照片（Browne, 2005; Byrnes & Wasik, 2009; Good, 2005/2006, 2009）。

在下面的段落，我們討論在幼兒園與小學利用照片的主要優點。

利用照片做為紀錄與溝通的工具

照片是一種可以大大提升家庭、孩童、教育機構之間溝通的工具。老師可以提供照片給父母親，了解孩童在學校的一天中是如何完成許多作業，以及孩童的能力（Driscoll & Rudge, 2005）。為了留下紀錄，在日常生活與特殊活動拍攝照片是很常見的。當照片被展示於幼兒園的佈告欄時，可以拿來與學生家長或訪客分享。在通訊當中加入照片，也可以強化通訊的功效。我們的經驗顯示，相較於其他方式的溝通，學生家長對於有他們孩子在其中的照片比較有興趣。當孩童將學校的通訊帶回家時，他們的照片能夠引出他們在幼兒園一週活動的相關對話。透過照片，讓家長能夠更清楚的接收到完整訊息，而非模糊

10　http://literacythroughphotography.wordpress.com
　　（建議關鍵字：Ewald literacy photography）

的字句，例如：「我在玩」與「很有趣」（Byrnes & Wasik, 2009; DeMarie & Ethridge, 2006）。照片可以是一種雙向溝通的管道，當孩童從家裡帶照片到幼兒園，可以與同學、老師們分享他們特別關心的主題。照片可以是最近拍攝的，也可以是以前拍攝的。孩童自己拍攝的照片與他人拍攝的照片，都可以被拿來觀察。

　　一個有趣的提案是，準備一個學習歷程檔案，以記錄每位孩童個人的活動與進步狀況，也包括在團體中的情形。個人的檔案夾可以是一本相簿或多本相簿，在其中，孩童記錄了他們在幼兒園的活動，必要時由老師協助。很多不同的照片可以被含括進來，包括：朋友與自己的照片、成就的時刻、慶生會、其他慶祝活動、最喜歡或是最無趣的活動等。孩童享受的看著他們個人的相本，並與父母親及同學分享（Driscoll & Rudge, 2005）。可以利用照片對於每位孩童的發展進行追蹤，顯示出孩童在不同領域的成就與限制。如此一來，可以幫助老師製作孩童的個人計畫，並做為與家長溝通的支援。如能徵得父母的同意，其他像是職能治療師與醫生等專業人士，也會覺得學習歷程檔案是一項有用的工具，可以用來補充他們對於孩童能力狀況的圖像。

　　班級學習歷程檔案可以是一本相簿，也可以是幼兒園老師向家長做為年度總結回顧的報告（Byrnes & Wasik, 2009）。選擇一些相關的活動照片，貼在一個大的行事曆或是一系列的月行事曆上，不僅可以用來告知家長，也是回顧一年來舉辦各種不同活動的基礎。

　　圖 3.9 記錄了科學博物館的參訪。孩童學習有關烏龜殼的結構，體驗烏龜殼圓頂結構的強度。

圖 3.9　記錄參觀科學博物館

對於世界知識的貢獻

單純的拍照動作，可能將注意力集中在拍攝的物體、加強照片回憶的能力，以及吸引人們對照片的探索。幼兒園孩童到耶路撒冷科學博物館參訪期間，孩童參與了在博物館露臺上所舉辦的一個活動。這個活動圍繞著一顆巨大且閃亮的金屬球舉辦。活動當中，孩童的照片被拍攝下來，以記錄這次的活動。參訪過後的幾天，一群孩子圍著照片坐下。照片的主要特徵之一是六個孩子的影像都反射在那顆金屬球上。在討論這張照片時，孩子們談到了物體與其反射影像，以及被相機捕捉到的影像之間的不同。孩童發現，在照片中，他們有些人會同時出現看著球以及反射的影像；有些則是站在球前面但沒有反射影像；另外有一些孩子則只出現了透過球反射的影像（例如，攝影師握著相機的倒影）。此事件例證顯示了照片牽涉到物體表面的反射時（鏡子、水坑、窗戶等）可以被視為在模糊中引起驚奇。因此，照片提供孩子機會來思索這些照片所引發的難題：為何同樣的物體會出現不只一次？在不同的位置？在哪裡結束？其鄰近的物體起自於何處？照片與物體之間的實際空間關係為何？此活動是幼兒園利用相機當做處理科學主題（光學）工具的範例。老師可以透過不同的方法來中介活動，以提升拍攝過程以及拍攝照片可有的貢獻。中介方法像

圖3.10 倒影

是：拍照前先有一段對話、在相機視窗顯示器中觀察不同拍攝法的可能性、比較同一個情境下所拍攝的不同照片等。

圖3.10 呈現一棟建築物在其窗上有著天空與比鄰建築物的倒影。

照片能夠拓展孩童與成人對於超越他們所及之動物、人類、物體、事件的知識。當孩童使用照片記錄幼兒園所進行的不同活動，拓

展知識的書寫語言可以從中被創造出來：如孩童們參觀的場所、製作的物品像是食物或衣服、觀察蛋孵化的不同階段、不同季節花園的樣貌、實驗等等（Byrnes & Wasik, 2009; Good, 2009; Hoisington, 2002）。

圖 3.11a 與圖 3.11b 是由老師拍攝的照片。照片展示幼兒園孩童收成橄欖。照片可以提醒孩童收成橄欖的程序：地上先鋪一層布或紙，接著用枝條擊打樹枝，讓橄欖落到地上。

圖 3.11a　地上先鋪好一層鋪材，準備　　圖 3.11b　用枝條擊打並讓橄欖掉落
　　　　　　橄欖的豐收

照片提供正確與色彩豐富的紀錄，隨著時間的推移，提供不斷變化的狀況。照片可以支援科學性繪圖的製作。如同前一章所解釋。如上一章所述，繪圖相較於照片，優點在於它們的產出需要小心和仔細的觀察，以及區分基本和較不重要的特徵。照片可以做為科學性繪圖的模型，因為照片可以提供放大的圖片，且不會因為時間的變化而改變大小。這些特質讓孩童免於花很長時間專注於「活生生」的模型，以降低製作科學性繪圖的負擔。在前一章解釋過另一個照片優於 3D 立體模型的特點，照片的二維平面對於孩童來說，較容易複製，這是最關鍵的優點。

圖 3.12a 與 3.12b 是照片支援科學性繪圖的範例。這些圖也顯示出照片對於世界知識的潛在貢獻。圖 3.12a 是孩童忙著準備花卉圖鑑時所拍攝。孩童為了圖鑑外出拍攝春季野花。當其中一位女孩檢視她所拍攝的照片時，發現花上

面有一隻她未曾見過的昆蟲。她向幫忙的老師分享這個驚喜,並了解相機拍攝的瞬間所捕捉到的細節,是單靠眼睛所無法見到的。透過照片的支援,引發了昆蟲與花互相依賴生存的談話,這樣的對話也豐富了孩童的字彙與知識。針對照片的發現所產生的談話交流,促成了進一步的延伸對話。而這些延伸對話是以高度使用字彙與有連貫性的組織論證過程為其特徵(Blum-Kulka, Huck-Taglicht, & Avni, 2004)。若沒有照片的支援,這名五歲孩童很難完成如此精準的繪圖(見圖 3.12b)。

 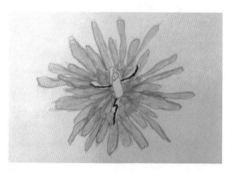

圖 3.12a　花朵上面有一隻昆蟲的照片。照片下面的文字是希伯來語的花卉名稱「MarorHagina」,苦苣菜

圖 3.12b　花朵上有一隻昆蟲的科學性繪圖。繪製的女童省略了她看不見的昆蟲的腿(「視覺現實主義」)[11]

🌱 培養語言與讀寫素養

照片可以支援許多種不同文本的產生,因而對於培養語言與讀寫素養有所幫助,以下我們會有所探討。

●● 豐富字詞

孩童在參與拍攝照片的過程中可能學習到字詞(Ganea, Pickard, & De-Loache, 2008)。當孩童拍攝有興趣的事物時,他們必須知道那些用來描述他

11　參見「畫畫與繪圖」章節。

們和同學所拍攝到的東西的字詞。當規劃參觀某一場所時，在參觀前可以先看過相關的照片，以讓孩童事先準備與接觸那些與該場所有關的字詞。在參觀後，孩童所拍攝的照片可以用來輔助，針對參觀所學到的內容做出結論，並且重複新學到的字詞。新的字詞可以利用像是抽獎、記憶遊戲和釣魚趣桌遊之類的遊戲來學習，這些遊戲都包含了孩童在幼兒園看見的物體或活動的照片。例如，孩童在動物園看到的動物、在春季戶外教學看到的花（見圖 3.12a）、種植在花園裡的植物、孩童用來製作沙拉的蔬菜等（Byrnes & Wasik, 2009）。

●● 培養口說語言

當孩童在報告特殊場合或是他們每天的例行事務時，有了照片的支援，他們的口語溝通會變得更為豐富與連貫（Byrnes & Wasik, 2009; DeMarie & Ethridge, 2006）。孩童喜歡一起觀察照片。這樣的觀察可以替同伴之間的交談奠定基礎。同伴的問題可以讓發言者知道同伴們哪裡不清楚，並嘗試讓交談更為連貫（Blum-Kulka & Snow, 2004）。

●● 培養書寫語言

在某些特定的狀況下，書寫語言和照片是與不同類型的文本交織在一起的。在此狀況下，照片是文字的核心，並伴隨著小段落的文字來澄清，或是使整個欲表達的訊息更完整。**報紙**便是一個範例，孩童可以用相關事件與活動的照片來編一份幼兒園報紙，像是某位同學的慶生會（Byrnes & Wasik, 2009）。另一個例子是自編**故事書**，故事書中的照片是「敘事性繪圖」。[12] 孩童可以用自己拍攝的照片來繪製他們所閱讀的書籍，創造照片書的過程包括了將文本改編、將照片分期、選擇最合適的照片、深入研究文本、提升理解度、將故事裡的世界與孩童的世界做連結（Goldman, 2004）。圖 3.13a 與 3.13b 是

---

12 見第二章「畫畫與繪圖」。照片應該審慎的使用。在某些情境中，使用照片可能會限制了故事所引發的想像力。

「五個氣球的故事」照片記錄故事改編的範例。[13] 圖 3.13b 顯示幼兒園學生對紅色氣球說再見，場景是一個在他們周遭的建築物。

圖 3.13a　氣球爆了 [14]

圖 3.13b　再見了紅氣球

在幼兒園孩童將「熱玉米」故事改編的活動中，[15] 孩童將故事發生的場景由夏季改為冬季，而玉米則改為燕麥粥與一道衣索比亞菜「Muk」。孩子們拍攝他們所演的場景並將照片編排成一本書（Goldman, 2004）。這是照片可以支援活動的範例，讓孩童能夠在一個多元文化的幼兒園中，改編原始文本以符合某個特定的文化。文本某些面向的轉化，需要孩童努力維持其一致性。來自其他文化的孩童會被鼓勵跟隨，而逐漸熟悉彼此的文化傳統。

孩童也可以自己撰寫故事並且用照片或自己畫的圖畫來說明（Byrnes & Wasik, 2009; Good, 2009）。利用照片的好處在於它們的製作比繪圖還要容易與簡單。孩童可以從一大堆的照片中挑選出最適合的照片來運用。當孩童利用照片來說明他們寫的故事時，他們會意識到照片可以被分期或是被「植入」某

13　Miriam Roth 所著「五個氣球的故事」是有關五個孩子帶著氣球去散步，每個孩子分別拿著一個不同顏色的氣球。在郊遊途中發生一連串的意外，讓孩子們一個個失去氣球。

14　圖中所顯示的希伯來文是：「突然之間，碰，發生什麼事……？氣球爆了……氣球破掉了。Uri 不要難過，我們會給你另一個氣球。」

15　Miriam Roth 所著之「熱玉米」，是有關一位小男孩邊走邊擊鼓，並唱著「熱玉米」。逐漸的，其他孩童也加入行列，每個孩子扮演了一種不同的樂器。最後，小男孩的祖父給了每位孩子熱的玉米。

些與拍照當時不同的情境。照片的意義也並不一定來自於被拍攝的真實場景，而來自於照片「策展者」所創造的場景。孩童可以觀察同儕所創作的書，詢問問題，並提出自己的意見，進而改善文本的連貫性。

培養空間認知

從不同的視角與距離觀看相同的物體整合了兩種影像：觀察者從不同視角觀察所導致的視覺影像，與觀察者不同姿勢所產生的本體回饋而導致的動作影像。

這些影像都被協調成為一個單一抽象概念，進而強化空間認知。當觀察是透過照片來捕捉影像時，此整合過程得以強化。利用照片的優點在於許多照片可以同時呈現，克服了工作記憶的限制。

圖 3.14 展現了四張幼兒園孩童所拍攝的照片。照片顯示了分別從不同角度拍攝的同一件物品。很明顯的，每張照片都需要由不同的位置與姿勢拍攝。

圖3.14 幼兒園孩童從不同角度所拍攝的積木建築

促進情緒健康

在許多幼兒園，年幼孩童使用父母與自己的照片做為一種「移情對象」，也就是一項具有情感意義的物品，常被用來做為需要父母時的替代品。當孩童覺得缺乏安全感或是想念父母時，可以緊握著父母的照片，並指著照片向幼兒園老師解釋他們的感受。

照片可以促進與孩童有關的對話，例如是什麼讓他們沮喪，是什麼打擾了他們以及他們的行為。與老師談論照片，可以幫助孩童學習如何以口語表達他們的情緒（Byrnes & Wasik, 2009）。例如，照片可被用來協助孩童與同儕及老師分享，他們對於添了一位剛出生的妹妹的興奮之情，或是用來訴說他們因為疾病治療而經歷的情緒。

在幼兒園牆上或是屬於孩子的物品上（抽屜或毛巾架）貼孩子的照片，能夠給予歸屬感（Good, 2005/6）。

照片可以加強孩童（以及成年人）對自我成就的自豪感，藉由記錄而增強他們的信心。孩童喜歡看從小到大的照片，看到他們發展到什麼程度；他們以前穿什麼樣的衣服，現在對他們來說這些衣服太小了；他們以前畫什麼樣的圖，和他們建造什麼樣的積木結構——也就是與他們目前的能力相比，他們以前會做什麼。照片可以記錄成就的時刻（例如一次成功的爬行，或用沙建立一個城堡），否則時間久了，記憶會淡去而逐漸遺忘。因此，照片可協助他們克服分離的痛苦（Driscoll & Rudge, 2005）。

在幼兒園舉辦的活動中，孩童被問到他們長大後的志願是什麼，以及為何是這個志願。孩童回答得很踴躍。接著，在老師的協助下，孩童在網路上找到了代表這些志願的照片，包含了警察、馴獅人員或是一位仙子。利用繪圖軟體將臉部的部分取代為自己的臉。在活動的最後，孩童收到了裱框的照片，上面是他們長大渴望成為的角色圖片（見圖 3.15）。因此，照片可以鼓勵想像，給予情緒上的滿足。同時，進行此一任務也向孩童說明，照片並不一定要呈現真實，它是一種可以被改變與編輯的文本。

圖 3.15 「馴獅人員」

🌱 提升社會能力

照片可以用於展示幼兒園的行為規則，例如：呈現照片，顯示每個玩具應該放置的位置。一張乾淨工作區的照片與一張髒亂工作區的照片相對比，可以放在廚房，提醒孩子工作完成後，工作空間應該是什麼樣子。當遇到問題時，可將狀況拍下並與孩子討論，例如：散落在庭院裡的玩具會讓孩子們絆倒（Good, 2005/6）。

拍攝故事場景可以用於行為規範的內化，以及用來支援描述這些規範的語言。例如：幼兒園的孩子進食後要刷牙。其中一些幼兒園牆上有照片，提醒孩子如何正確刷牙、依照刷牙的步驟，並要求使用與情境相關的詞彙，像是以適當方式刷臼齒與門牙。

在前一小節我們提到照片可以激發孩童談及他們的情緒。這些談話可以促進孩子的社會能力：他們會談到有關如何根據面部表情識別他人的情緒，以及

當同儕感受到社會排斥、失望或失敗等負面情緒時,他們應該如何行動,以協助改善同儕的感受(Byrnes & Wasik, 2009)。

有一所幼兒園通常都會在活動時替孩子拍照,幼兒園的老師與其中一位女孩談論到一張記錄她在角落玩的照片。老師說,她可能喜歡那個地點,因為她經常站在那裡。女孩解釋說她其實並不喜歡在那裡玩,是因為她最好的朋友在那裡,她才經常也站在那個地點。該照片是老師和女孩談論問題的起始點;這些對話包括友誼,以及小女孩不用犧牲社會關係而在她喜歡的地方玩的可能性等(Driscoll & Rudge, 2005)。

🌱 照片做為反映孩童意見與情緒的工具

在過去幾年中,讓孩子使用相機已經成為習以為常的事情。孩子們所產出的照片能夠表達他們的世界經驗、立場與情感(Byrnes & Wasik, 2009; Clark, 2005, 2007; DeMarie, 2001; Driscoll & Rudge, 2005; Einarsdottir, 2005; Yohani, 2008)。例如,在 Clarck 與 Moss 的研究中(2001),他們使用幼兒園孩童拍攝的照片來研究遊戲場中的哪個地方對於孩子而言是最有意義的,無論是正面或是負面的。研究者利用照片對孩童進行訪談,並將訪談資訊列入重新設計遊戲場的考量。使用相機有許多好處:由於孩童選擇了要拍攝什麼與決定什麼是重要的,讓研究者能夠透過照片理解孩童的觀點;當使用相機時,並不需要倚賴口說語言,孩童可以透過照片表達什麼是重要的,並針對照片加上手勢,因此無論是口語或是非口語,孩童都能夠以他們覺得舒服的方式表達自己;孩童對於他們生活的方式有了獨特的見解,並有權針對與他們相關之議題表達意見。使用相機也可促進情緒發展:孩童喜歡拍攝照片,他們不需要花太大的力氣,並且對於他們所創造的成品感到驕傲(Einarsdottir, 2005)。

重要的是,要提醒照片的使用不能與孩子的解釋分開,因為照片不是「一目了然」的文本。例如,在幼兒園進行的一項研究中,一個孩子拍了一張院子的照片,照片的背景是鄰近的街坊。孩子解釋說他拍了張他的房子的照片,但在照片上根本看不到房子(Einarsdottir, 2005)。

透過照片進行的活動

實習老師的活動

實習老師在大學拍攝照片

此活動的目的在於讓實習老師體驗，討論照片如何能夠加強對於環境的覺知與敏感，並揭露意見與情緒。實習老師們可以在校園裡走動（在他們實習教學的學校或是與實習相關的其他地點），並拍攝他們覺得重要的東西（或是他們喜歡或討厭的東西等）。然後，照片可以進行比較，進一步處理以下的主題：他們選擇了什麼主題來拍照？原因為何？整體而言，照片對大學製造了正面還是負面的形象？為了完成所傳達的訊息，什麼樣的照片被遺漏了？為什麼這些部分沒被拍到？

建議研究：可以將不同的大學、課程與學生，在不同的學年進行比較。可以將對於該地方不熟悉者的態度與熟悉該地方者的態度進行比較。

介紹相機具備的功能

這個活動的目的是提高實習老師對於相機所能提供各種技術的相關知識。

從相機選擇不同的拍攝功能，像是縮放或角度，實習老師可以拍攝同一個物體，並觀察這些不同功能如何影響拍攝作品。

分析屬於不同類型的照片

下一個任務的目的是展示不同攝影類型的存在，增加實習老師對於各類型結構的覺知，以及如何符合不同溝通目標的覺知。

在課堂上觀看屬於不同類型的照片是值得做的，例如：廣告裡的照片、新

聞照片、科學雜誌裡的照片、藝術照片等，藉此可以分析以下事項：照片選擇了什麼主題？照片如何被拍攝？照片產生了什麼情緒印象？照片顯示了什麼社會文化面向？照片有什麼型態的處理方式（像是分段、潤飾、模糊、背景變化等）？照片如何達到拍攝者的訴求？

報紙和社會運動者的網站，是照片被廣為運用於激起強烈情緒反應的地方。因此它們提供了最好的機會，可觀察上述提到的特質如何表現，以及在實際達成預期目標的有效度。

建議研究：詢問成年人和孩童對於各種不同的照片如何能夠符合以下不同類型的目的：一則新聞報導、百科全書的一個項目、一則廣告、一本漫畫書等。成年人和孩童可能會被要求解釋他們的選擇。

接下來的幾個活動，目的在於證明選擇和顯示照片是來自策展者的目標和觀點，以及是可以在他們選擇呈現的蒐集當中被辨認出來的。

●● 策展者的角色

策展者可以詢問實習老師家裡是否有展出的照片。如果有的話，那些照片是如何選擇的？它們被懸掛或放置在哪裡？選擇照片被放置的位置之標準為何？

如果實習老師家裡有相簿，策展者可能會問：相簿是如何編排的？照片是如何分配到不同的相簿？哪些照片被印出來，而哪些是留在電腦裡？

如果實習老師的家庭為某節慶準備了幻燈片（婚禮或親戚的生日），會問：幻燈片的照片是如何選擇的？照片被安排到幻燈片播放與照片被編排到不同的相簿，之間的差異為何？

實習老師可能被要求替不同的觀眾群，準備描述他們自己和他們工作的幻燈片：他們的同學、潛在的雇主和可能的結婚對象等。照片的選擇是如何受到目標受眾的影響？

●● 利用照片來做年度總結

看看不同國家使用照片來替過去一年做總結的網站（例如：《紐約時報》、《西班牙國家報》、《英國衛報》）。注意有多少個國家被展示以及什麼主題引起了攝影記者的注意。是否有哪些國家明確被提及呢？是否有哪些國家受到忽略？與此特點相關的網站之間是否有差異？這樣的蒐集可以教導你任何編輯的觀點嗎？你所檢視的網站之間相異與相同之處為何？看看總結過去十年的網站，檢查以下幾點：過去的一年在過去十年總結中佔多少比例？與今年度相比，什麼事件、主題或是地方在總結中很明顯？

下一個活動的目的是提高大學生對於照片在訊息類文本所扮演的角色之覺知，以及培養讓照片伴隨書面文本的重要取向。照片與文字彼此互相補充，有助對文字與照片整體訊息的理解。

●● 分析攝影隨筆

觀看描述咖啡生產過程的幻燈片，[16] 說明照片與伴隨的文本之間的關係，以及兩者與文章主題之間的關係。注意他們如何互相補充、重疊、對比或不相關之處。是否有不相關或是不吸引人的幻燈片？你會添加哪些幻燈片？哪些幻燈片你會選擇替換？你會拿哪些幻燈片來取代？為什麼？

🌱 幼兒園利用照片進行的活動

以下所呈現的每個活動，如果長時間重複進行，都可以被用來評估孩童的學習。

第一個活動的目的是將孩童的注意力引導到相機是一種工具，以及拍攝對象與其各種不同表徵方式之間的差異。

---

16 參見 http://www.seekthelamb.org/photos/cafe
（建議關鍵字：rio coco beans gallery）

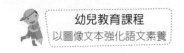

●● 相機做為一種觀察與表徵的工具

孩子們掌握基本的攝影技巧後，可能會被要求在幼兒園拍攝物品，並且要讓照片的觀看者無法識別這些物品。為了完成這個目的，孩子們不得不使用有別於一般的角度，以移動來模糊拍攝的物品，並從不同的距離拍照：從非常接近或距離很遠的地方，並利用變焦來呈現通常不會引人注意的細節。該活動適合在萬聖節舉辦，因這個節慶的特別之處在於人們會假裝或穿戴與平常不同的裝扮。

另一種可嘗試的活動是使用 Photoshop 軟體或其他繪圖編輯軟體，結合不同照片的其中一部分，打造出「一個虛構的真實」。

●● 照片的屬性與被拍攝對象屬性之間的差異

有些屬性被認為是來自於圖片意象與被拍攝的物體，像是：大小、顏色和年齡。建議的活動目的在於闡明影像的屬性（符號）與被拍攝物體的屬性。首先，為了要觀察被拍攝的孩童與他們照片與肖像畫之間的不同，我們建議印出孩童的黑白照片。接著，我們建議要求孩童帶自己的照片，並按照成長的時間排列，也就是從小嬰兒到目前的照片。孩童會被要求指出年紀最大與年紀最小時拍攝的照片，並觀察照片，看看照片的尺寸大小是否代表孩童的身形大小？放大的嬰兒照片與最小張的照片對比，隨著孩童長大，是否有了改變？在活動之後的討論，照片與被拍攝對象之間的相同與相異之處便可以確認。

●● 照片比例

接下來的活動目的在於幫助孩童瞭解一些科學性繪圖之特點的常規：這些繪圖包括一張寬廣場景的照片（或繪圖），以及在旁邊一個視框裡某部分的場景被放大的照片。有些孩童無法理解放大的細節是如何與整個場景相關聯。

在活動中，孩童替某一主題編寫了一本書，例如「我的身體與我」或「我的鄰居」，不同比例的照片可以被集結在一起。比如：在「我的身體與我」

一書的封面上，可以有編寫這本書的小女孩每個器官縮小尺寸的照片。在分別討論每個器官的章節，每個器官可以放大，並與整個身體的照片相比較。同樣的，為了要製作一本與鄰居有關的書，孩童的注意力可以被引到鄰近的建築物。建築物可以被拍攝為景觀的一部分，相同建築物的照片也可用於專屬的章節或是部分提到的章節。

●● 孩童做為攝影者與策展者

讓孩童準備相機，當有特別的活動時，例如：到附近散步、旅行或是慶祝會，他們就能拍攝他們喜歡的、引起他們好奇心的、他們很討厭的或是很害怕的人事物。在活動之後，可以檢視這些照片，並以小組的方式討論。照片可以用來檢視活動以及回答孩童的問題。

照片接下來要怎麼利用，有許多可以選擇的方式：把它們展示在幼兒園的白板，與訪客分享各種活動；將照片依時間先後、主題或是拍照者排列，存放在隨時可以取得的相簿中。孩童參與這類的決策可以強化**策展**方面的後設認知：要考慮的各種條件與設計因素（能見度、鄰近區域、可接近性等）對於資訊接收者的影響。

上述活動可以做為結合語文和非語文文本的基礎。孩童可以選擇替照片下標題，或是在照片間添加一些字詞做連結，並依照可以提供之特定型態的資訊，體驗每種文本類型（寫作與攝影）的優點。隨著孩童獲取更多寫作技能與經驗，花較少的精力便能產出書面文本，並因而有更多的選擇來創造各種類型混和的文本，書面文本與照片能夠彼此互相補充，亦更可利用。

建議研究：孩童布展初期的照片與嘗試，可以與成年人介入或是同儕互動討論照相技術之後的照片相比較。

●● 照片當做幼兒園與家庭之間的橋梁

對孩童而言，下一個活動是一個使用照片當做心靈分享工具的範例。邀請孩童在家裡為某節慶或活動拍照，能夠讓孩童與老師分享學校以外的事情：他

們可以拍攝一個與節日有關的活動，像是準備食物、客人抵達、節日傳統等；最喜歡的活動：像是騎腳踏車或在遊樂場玩、與親愛的家人或動物朋友一起進行的活動等。攝影者、被拍攝的對象與策展者的身分，可以是很廣泛的。孩童可以自己準備、與父母一起準備、與家人或朋友一起準備，或是父母可以替小孩準備照片。這可以自然而然的演變為學校與家庭之間的雙向溝通，而孩童在這中間扮演著積極參與者的角色。

CHAPTER

4 圖示

簡易結合符號的方式

🐦 引言

　　圖示是傳統慣用的圖形符號。圖示被設計為視覺上引人注目的極簡抽象派藝術文本。使用圖示的主要目的在於針對一則大眾易懂的訊息，提供快速且經濟的傳遞。[1] 圖示經常出現在電腦、資料傳單（例如用藥指示或電器設備使用指南）、包裹、車輛、衣服上的洗滌指示、廣告、開放的公共場所（道路、公園、景點），以及封閉的公共場所（機場、醫院、購物中心）。[2]

　　最近幾年，我們見證了圖示使用的增加。圖示使用之所以會增加，主要有兩個理由：

- 圖示的使用不受限於一種特定的語言。因此，圖示特別適合用於超越語言的溝通，以及適合一般能夠使用語言但書寫能力受限的人們（見圖 4.14a：在馬利市場一間房子牆上的衛教資訊）。網際網路、電視、全球經濟、觀光與移民是造成跨文化溝通需求增加的主要因素，並且因此造成圖示的普遍使用（見圖 4.9 道路標誌與圖 4.10 機場的圖示）。

1　本章我們應該依據溝通目的與設計，將照片與繪圖視為圖示。
2　輔助溝通系統的圖示使用，超越了本書的討論範圍。

● 製造、複製與分配圖示的方式改善。在現今世界，幾乎每個人都可以輕易的使用設計圖示的大型資料庫。圖示與語文圖像文本之複製與分配的方法，並無不同。

我們會於本章後段描述透過圖示呈現的各種內容型態，與圖示的不同完成方式。我們應該考量會影響圖示的概念與理解之因素，與源自那些因素的圖示設計原則。最後，我們建議將圖示當做一種用來強化孩童於各種活動表現的工具。

所表徵的內容

圖示可以表徵各式各樣不同的內容：有形的物體，像是動物園裡的企鵝圖像（見圖 4.1）；活動，像是瑜珈（見圖 4.2a 與 4.2b）；特徵或狀況，像是一隻骯髒的手（圖 4.3）；抽象的概念，像是兩隻交握的手代表友誼（見圖 4.4）。圖示可以使不會改變的靜態內容具體化，像是目標、特徵與觀念，或是描繪水循環之類活動與程序的動態內容（見圖 4.5）（Tversky, 2001）。

圖 4.1 　一隻企鵝：有形物體的直接示意圖。這個標誌拍攝於耶路撒冷的聖經動物園（The Jerusalem Biblical Zoo）

圖 4.2a 瑜珈：活動的寫實示意圖

圖 4.2b 瑜珈：活動的直接示意圖

圖 4.3 一隻骯髒的手：特徵的直接示意圖

圖 4.4 握住的兩隻手：友誼的間接示意圖

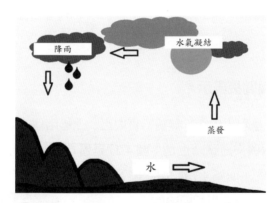

圖 4.5 水的循環：水循環過程的直接示意圖

🌱 表徵的形式

●● 視覺逼真的程度

圖示依據視覺逼真的標準，可以被歸類為四種類型（Mealing, 1993）：

● **逼真的**圖示，例如與所代表的物體很相似的詳細圖畫或是一張照片（見

圖 4.2a 與 4.4）。

- **示意的**圖示，藉由替代品的清楚線條，與沒有非必要之細節的背景對比，呈現出物品的主要特徵（比較圖 4.2a 與 4.2b 的圖示）。
- **概略輪廓的**圖示，蘊含所呈現內容的精華。例如雙向通行的交通號誌（見圖 4.6）透過箭頭指著相反方向，勾勒出兩個交通線道。
- **抽象的**圖示，與要呈現的物品沒有實體的相似處，像是禁止停車的交通號誌（圖 4.7）。[3]

圖 4.6　雙向通行的交通號誌：行車方向的直接圖示

圖 4.7　禁止停車的交通號誌：與呈現的內容沒有實質相似之處的直接圖示

●● 意義的直接與間接表示

圖示可以直接呈現出內容，無論寫實與否。上述兩個「瑜珈」的圖示都直接呈現了內容，兩個交通號誌也是：圖 4.2a 是逼真的，圖 4.2b 則為示意的；圖 4.6 是概略輪廓的，而圖 4.7 則是抽象的。

間接表示是指利用聯想和隱喻的方式來表達不容易直接呈現的概念（Tversky, 2001）。舉例來說，圖 4.8 的圖示由示意的水龍頭與玻璃杯組成，代表飲用水。水龍頭、玻璃杯兩者之間的連結，產生意欲得到之「飲

圖 4.8　水龍頭與玻璃杯：此圖示利用示意呈現出一個水龍頭與一個玻璃杯，間接代表飲用水

3　Mealing（1993）稱這些圖示為「象徵性」圖示，然而，我們避免使用這個詞彙，因為我們認為所有圖示都是圖像象徵符號（「符號」的定義，見第一章簡介）。

用水」的聯想。

在電腦刪除一個檔案的動作，是呈現出一個資源回收筒的圖案。這個圖示採用了實際廢物丟棄的動作與刪除不需要的材料之間的類比（Tversky, 2001, 2007）。

另一個間接表徵的例子是使用提喻法（synecdoche），也就是利用部分來代表全部的意義，反之亦然。舉例來說，不同國家之間的運動比賽，國旗代表整個國家，國旗被用來代表該國的隊伍，雖然那個隊伍只是國家的一小部分。Tversky（2001）宣稱，在視覺空間圖形溝通上使用間接的表徵方式，便如同在口說語言上使用比喻、轉喻和隱喻，兩者有其相似之處。

圖示的知覺與理解

有三個因素會影響圖示的知覺與理解：包括設計、圖示被置入的社會文化情境（務實的觀點），以及接收者的特徵，以下我們會一一檢視。

很重要必須記住的是，下面的資料適用於成人，在針對孩童對於圖示的理解達成結論之前，應該也要進一步檢視較年輕的族群對圖示的知覺和理解。

圖示設計

人類的知覺是有限的、有選擇性的與相對的。知覺的過程對學習很重要，因此設計必須是很清楚的：設計應該將知覺的特徵列入考量，而設計的組成要素必須能夠充分表達想要傳遞的訊息（Winn, 1993）。

接下來，我們將探討一些重要的設計元素及其意義。

輪廓

是指圍繞在一個圖形周邊的線條，並勾畫出形狀。輪廓定義了圖示的特徵，並將其劃分成次要的單位。舉例來說，圖 4.8 當中的玻璃杯與水龍頭，或

是圖 4.6 兩個箭頭與一個三角形框架構成的交通號誌。

●● 框架與界線

　　是指標示出某一特定區域邊界的線條。這些線條圍繞著物品，最後連接起來，變成一個知覺的單位。例如，圖 4.9 當中的三個方框，將道路號誌切割為三個圖示。

●● 空間相鄰的單位

　　是指單位間彼此相連接。以圖 4.9 為例，杯子與碟子放得很近，擺在一起代表了餐廳。毗鄰的兩個人形表示洗手間，周圍的框架串連裡面兩個人形，將其轉化為一個圖示，兩個人形當中的那條直線將洗手間區分為男用與女用。

　　圖 4.9　一個道路標誌：圖示描繪出一個接近耶路撒冷的公園所提供旅客的服務，包括餐飲、服務台與洗手間 [4]

　　如同語文文本，[5] 圖示的構成要素不能單獨詮釋。這些個別的構成元素與整體同等重要，能夠讓細節闡述得更為清楚。圖 4.9 中如果碟子不是跟杯子擺在一起，將很難去解釋該圖為何。圖 4.10 中從側面描畫的行李箱，如果不是跟海關人員的圖示（及機場的大背景）放在一起，這張圖示便幾乎無法辨認。

4　問號標誌的使用是從書寫語言而來，是一個在不同媒介與文本類型之間轉移的例子。
5　見以下例子：MacDonald, Pearlmutter, and Seidenberg (1994), Rayner and Frazier (1989), Swaab, Brown, and Hagoort (2003)。

（登機門）

（海關）

（護照查驗）

圖 4.10　機場的圖示。這三個圖示描述了飛機降落之後旅客在機場必經的程序

●● 顏色

　　是指一種連結或區隔組成元素的中介物，類似的顏色可以連結組成元素的次要單位，不同的顏色則可區分不同的元素。例如，在一個禁止停車的道路標誌（圖 4.7），紅色連結對角線與圓形框代表禁止，與藍色的背景區隔開來。

●● 單位尺寸

　　是彼此相對的，並且直接代表其顯著性，因此較大的單位被認為比較重要。這樣的特徵能幫助聚焦於圖示本身所傳達的訊息。舉例而言，相對於海關人員實際握著護照的大小，圖 4.10 中的「護照查驗」圖示，圖中的護照尺寸是有點誇大的。

●● 箭頭

　　可以傳達不同的意義，其共同點在於箭頭是一種指向一個不可逆方向之不對稱的關係（Tversky, 2001）。以圖 4.1 為例，箭頭代表要找到企鵝所必須遵行的方向；在圖 4.6 與 4.10 的箭頭則是指示交通的空間方向；圖 4.5 箭頭指的是水循環的動態週期年表。

　　有許多標準方式去連結圖示的重要元素，以利為圖示創造出新的意義（Dormann, 1999）。

●● 並列

數個圖示整合在一起，便可以創造一個新的圖示。例如，圖 4.9 將杯、碟放在一起，創造了一個代表餐廳的新圖示。

●● 加乘

由類似的品項表徵出加乘的圖示。品項通常是可以獨立的圖示，像是飯店的星級數（複製），或是一個圖示上重複的品項（串聯）。例如，WinRAR 的圖示勾畫出意圖「開啟」被「壓縮」檔案的程式，這個圖示便以好幾個檔案「綁」在一起來代表。

●● 連接詞

整個圖示的重要性來自於每個部分連接起來的意義。例如圖 4.8「飲水」的意義來自於「水源」（水龍頭）與「喝」（有水的玻璃杯）。

●● 共同的要素

圖示的組成要素之一會在其他圖示中重複出現，兩個圖示有著共同意義與個別的獨特要素。圖 4.10 共同的組成要素是代表查驗的海關人員，而個別獨特的要素則是行李箱與護照，分別代表行李查驗與護照查驗。

具有共同與不同之要素的圖示，通常也用來表示兩種情況的對比。這可以用電腦中不同版本的資源回收筒來當例子。在某些例子中，空的資源回收筒是排在一個裡面有紙的回收筒旁邊，比較這兩個回收筒的圖示便可以區分出哪個回收筒可以復原丟進去的檔案，而哪個是已經最後刪除掉了。圖 4.29 呈現一位六歲大孩童所繪製的這類圖示，同時列出為了維護環境整潔所希望與不希望有的行為。

●● 功能符號的使用[6]

功能符號本身並不會獨立存在為一種圖示,但能夠賦予圖示基本的意義。舉例來說,紅色的對角線代表「禁止」,[7] 圖 4.11 便是代表禁止使用手機。

圖 4.11 禁止使用手機

圖示概念是有層次、有順序的。圖示一開始的形成被認為是與其核心次級單位合為整體,然後接著檢視細節。當圖示很清楚時,例如,當圖示的所有輪廓定義得很好、很完整,與背景有很清楚的對比,且是一般平均的尺寸,視覺角度很舒服,組成圖示的單位不多而且不會看來很擁擠時,對於圖示的知覺能夠達到最佳的狀態(Winn, 1993)。

❧ 社會文化情境 (務實的觀點)

正如同圖示本身的設計,圖示所在的社會文化情境,能夠幫助將可能的詮釋範圍限縮到較少數量(Mealing & Yazdani, 1993)。例如,圖 4.12a 與圖 4.12b 中,「輪椅」的圖示代表殘障停車位與一條適合輪椅通行的步道。圖 4.12a 中的停車場與圖 4.12b 中步道的入口,代表了圖示告示所在位置的情境會決定圖示的意義。[8]

6　Dormann(1999)稱功能符號的使用為語言的衍生。

7　紅色在道路標誌上被用來當做一種運作符號,但在其他背景情境像是紅綠燈,紅色有它單獨的意義存在。

8　類似的現象存在於口說語言,許多字有多重意義,而句子的情境限制了解釋的範圍(Rayner & Frazier, 1989; Swaab, Brown, & Hagoort, 2003)。

圖 4.12a　殘障車位　　　圖 4.12b　風景區步道，輪椅與登山者可通行

　　當同樣的圖示出現在不同的情境，通常會有不一樣的詮釋。以圖 4.13 為例，在此呈現的圖示，沒有交代其所在的情境。此圖示在地圖上可以被詮釋為山峰，在交通號誌上可詮釋為路面突起，而置於內衣店則詮釋為一件內衣。

圖 4.13　沒有交代所在情境的圖示

　　在不同的文化中，類似的觀念可以透過不同的方式呈現。因此，在一個文化中被充分理解的圖示，到了另一個文化便可能是不恰當的。針對在南非低社經地位族群所進行的一項有關設計用來幫助理解用藥指南圖示之研究，其結果顯示，研究目標族群對於當地發展之圖示的理解優於美國發展之標準圖示。[9]因此，例如美國設計用來警告用藥時不要飲酒的圖示，飲酒是以馬丁尼酒杯表示，而南非的實驗目標族群並不熟悉這種酒與酒杯，因此他們不能理解這個圖示所代表的意義。然而，當飲酒以罐裝啤酒的圖像呈現時，南非的研究族群便非常能夠理解其所代表的意義（Dowse & Ehlers, 2001）。

　　圖示的理解通常視利用圖示之使用者的經驗而定（Winn, 1993）。廣泛的使用圖示，會將圖示轉化為可理解與可接受的符號，可以花少一點詮釋的氣

9　圖示由美國藥典（United States Pharmacopeia）所開發，在美國符合達到百分之八十五
　　理解程度的要求。
　　http://www.usp.org

力便適應這些符號。例如，圖 4.7 禁止停車的交通標誌是一種即使不是那麼明顯，但在許多國家都可以接受的符號。另一個例子則是圖 4.9 代表洗手間的圖示，即使圖示中的人物可能有廣泛的聯想，但在許多國家不同的情境下都能夠被理解（Aspillaga, 1996; Mealing, 1993; Tversy, 2001; Zammit, 2000）。[10]

接收者的特徵

如同我們所見，對於圖示的詮釋，受到圖示之圖形特徵、圖示所出現的情境與社會文化習俗所影響。這些因素都與人們對於圖示與情境所具備的知識，以及試圖詮釋圖示時人們的期待、目標與關注焦點有關（Zammit, 2000）。一個特定圖示被認為要讓多數的使用者能理解，並不代表所有的圖示都必須如此（Winn, 1993）。

有效益的圖示設計

圖示設計的問題，在前面圖示的知覺與理解小節已經討論過。相同的議題在以下圖示產生的情境中也會討論。

清楚與易理解的圖示

突出與複雜

在能見度低且需要快速反應的情境下（例如，在不同文化中，人們在高速公路都以高速駕駛，有時候會是在低能見度與高警戒度的狀況下），必須設計

---

10 證據顯示，普遍被接受的使用間接表徵已經造成「過度使用的隱喻」，換言之，間接表徵已經變成直接，因為其已經如同在語言領域一樣普遍的廣泛使用。例如，在電腦中儲存檔案的圖示是一種曾用來儲存之設備的真實呈現。現今被用來直接代表儲存的功能。年輕的使用者可能不知道這個圖示的由來。

簡單且醒目突出的圖示，用路人才能廣泛與統一的使用（McDougall, Tyrer, & Folkard, 2006）。然而，在有較多時間觀看圖示時，可以用稍微複雜一些的圖示。

●● 逼真程度

圖示（或其組成要素）所需的逼真程度視其所在的情境而定。對於圖示與圖示所在的情境越熟悉，所需要的逼真程度就越低。當使用者不熟悉圖示時，便需要較為逼真，以確保使用者能夠理解圖示的意義（Kunnath, Cornell, Kysilka, & Witta, 2007）。雖然寫實的設計可能也有它的缺點，越寫實的圖畫，便需要越多具體的細節，要詮釋圖示相關與不相關的資訊便更為困難。有效的圖示要清楚呈現出重要的資訊，眼睛看來舒服，而且避開不重要的細節（Harp & Mayer, 1998; Mealing & Yazdani, 1993; Winn, 1993）。

●● 間接呈現

當間接呈現時，建議選擇廣泛群眾所能辨認之有強烈的關聯且明顯的符號。文化差異、過於獨創或可能誤導聯想的，應該要避免（Zammit, 2000; Kortunov, 2008）。[11] 舉例來說，對於電腦中的刪除檔案來說，碎紙機就比垃圾桶來得沒有效益，因為碎紙機與印表機太像。對於垃圾或資源回收來說，普遍性也不如垃圾桶來得高。再者，如果希望能夠讓最多觀眾接受，最好選擇一個能讓較多國家清楚辨認的回收筒圖像（Kortunov, 2008）。

●● 提示與解釋

情境是影響圖示詮釋的最大因素，因此，建議要注重圖示所出現的情境。例如，交通號誌的設計通常有一個特色：一根杆子與一塊告示牌；通常所有用

---

11 當圖示被應用到廣泛的、異質的群眾時，避免「文化差異」是需要的。如同上述所解釋，在其他情境中，將圖示設計為適合在地文化是有益處的。

於地圖的圖示會出現在地圖的圖說；解釋如何使用藥物的圖示會成群出現在用藥說明傳單。強調圖示中最重要組成要素的元素，例如尺寸或顏色，有助於圖示的詮釋（圖 4.10 與圖 4.11）。因此，圖示的背景應該要一致而不是過於突出（Aspillaga, 1996）。圖示單位的組織與尺寸，像是箭頭、字母與數字，要能夠幫助引導圖示及其元素閱讀的順序（圖 4.5）。這點在圖示是以動態或流程的方式呈現時，特別重要（Rapp, 2007; Winn, 1993）。

　　在不同國家以及不同語言程度人口所組成之社會進行的研究發現，即使影像很逼真，情境也很清楚（例如：衣服洗滌說明、危險材料警告、用藥說明傳單），人們對於詮釋不熟悉的圖示仍覺得困難。因此，當對人們解釋圖示時，其資訊便隨之受到保留。為了要引導大眾接受意欲傳達的詮釋，圖示可以結合文字書面補充，像是描述的標籤或是較長的文字（圖 4.5 與圖 4.10）。如同前一章畫畫與繪圖所描述，有研究者宣稱，如果圖像與書面文本同時呈現，有助於資訊的處理與記憶，因為資訊會運作得較為深入。語文處理、視覺處理，以及兩者整合，資訊會以雙重編碼（視覺與語言）的方式儲存，而記憶也因著這兩種型態所提供的線索得到協助（Paivio, 1986; Schnotz & Bannert, 2003）。書面的補充說明應該包括熟悉的字彙與不會模稜兩可的語言（Zammit, 2000）。當預設對象無法由書面解釋獲益時，圖示應該伴隨著口語解釋（Choong &

圖 4.14a　馬利某市場一間房子上的衛教資訊

圖 4.14b　解釋飲用水須煮沸的圖示（圖 4.14a 的細節之一）

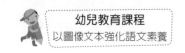

Salvendy, 1998; Davies, Haines, Norris, & Wilson, 1998; Dowse & Ehlers, 2001; Katz, Kripalani, & Weiss, 2006）。

圖示與所表徵的內容一致且易於處理

人類的思考是概略性的（schematic）。我們的記憶並不會透過我們的感官來儲存特徵豐富的資料，而只會記得有限的重要特色及它們之間的關係。例如，為了要區分一個人與一隻猴子，去看手臂的長度（相對於腿部）以及背部的位置便足夠了。組成圖示之構成元素的角色便是勾畫出實體，圖示之空間的功能就是表徵出那些實體之間的關係，而空間的接近性則顯示了實體概念上的接近性。因此，圖示是一種適合表徵想法的工具。有效的圖示結構適合象徵化的內容，而這些象徵化的內容則是在記憶中被表徵的（Gattis, 2001; Tversky, 2001, 2007）。

選擇圖示的其中一種危險是選擇了刻板化的描繪，而這些刻板化的描繪僅代表了部分意旨的概念。例如：在表徵「女性」時，通常用的是女性的影像，但科學領域使用的圖示（圖 4.15）則更為合適，因為這個圖示涵括了多種生物類別。

圖 4.15　女性

只有在相關的概要知識存在於人們的記憶，且觀察圖示時這樣的知識是被活化的時候，圖示才會產生效益。情境與社會文化的慣例也影響了能夠提供觀看圖示者相關知識的程度（Winn, 1993）。

學齡前孩童的理解與圖示的設計

　　就我們所知，有關孩童圖示理解與圖示設計的議題，幾乎沒有出現過。基於這個理由，我們依據本章討論的內容為基礎，提供一些使用圖示並讓孩童可以接觸圖示的幼兒園為例子。這些例子展現出孩童有能力理解、設計與使用圖示。我們針對那些例子的分析，檢驗孩童究竟依照了多少本章一開始呈現的表徵原則：直接或間接表徵、適當的使用圖示的組合要素、適當的運用元素的組合原則，去創造出一個意義可被理解的圖示。

直接表徵

　　最簡單的影像是物體的寫真勾畫（Gattis, 2001; Jolley, 2009）。在一歲半時，孩童已經可以辨認照片是一種物體的呈現（Preissler & Carey, 2004）。在三歲時，孩童已經可以準備一張有著寫實圖像的購物清單，上面清楚顯示出要買的物品（Klein, Teubal, & Ninio, 2009）。利用一張由圖示組成的購物清單，是非常常見的。圖 4.16 便是一張由幼兒園孩童所準備，列出慶生會必須購買的物品清單。

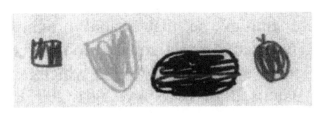

圖 4.16　一張為了慶生會準備的購物清單，清單上的物品包括：蘋果、麵包、起司與果汁

到了四歲的時候，孩童能夠理解與使用概要的圖示。在耶路撒冷一所幼兒園進行的一項活動中，孩童拿到一張上面有著不同運動活動圖示的單子。[12] 孩童被要求去詮釋圖示。孩童能夠辨認出頁面所列出大部分他們熟悉的活動（例如游泳與騎腳踏車），並對於無法辨認的圖示提供自己的詮釋方式。之後孩童會將他們選擇的圖示融入週行事曆，以呈現出他們在週間每天想要進行的活動（圖 4.17）。這個例子呈現出先前知識對於理解發言者意圖表達的溝通意見的重要性。除此之外，此例也呈現出圖示對於更有效率的使用週行事曆的貢獻。

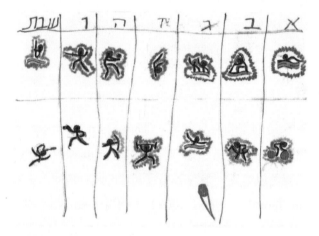

圖 4.17　一個描述運動活動的週行事曆。最右邊欄位（代表週日）的圖示是游泳與騎自行車。創造此行事曆的女孩將剪下來的圖示貼到行事曆上，並加以著色裝飾

🌿 間接表徵

在幼兒園一般的活動中，我們發現從四歲起，部分孩童就能夠設計出間接表徵抽象概念的圖示。[13] 以下，我們將審視孩童所設計圖示的例子，並思索以不同的策略引導他們的設計。

12　建議 Google 關鍵字搜尋：athletic icons。
13　就我們所知，此問題尚未針對年幼孩童做檢驗。

　　在一所幼兒園，老師要求孩童以圖示來標記每天的活動，並將行事曆上的活動做一個總結。老師建議孩童用兩個同心圓，勾畫出一個唱片的直接表徵，來標記音樂課（在星期二與星期四）。這種表徵是由前一年已經在幼兒園讀過的孩童所設計的。有一天一位幼兒園的訪客要求孩童準備一個週行事曆，上面必須描述每天進行的活動，其中有一位小朋友決定用一張嘴巴的圖片來代表音樂課（見圖 4.18a、4.18b），小朋友說，因為 Lala（音樂老師）用嘴巴唱歌。從孩子的觀點來看，那個活動很明顯的一個特徵是老師在唱歌，透過聯想，嘴巴與唱歌相連結，因此直接用嘴巴的圖示來間接表徵整個活動。這個圖示也受到其他小朋友的採用。有些孩童只用嘴巴的圖示，有些會加上唱片的圖示。這個例子讓我們見識到屬於自己幼兒園在地文化的創造，這樣的方式與語言表達透過同儕互動被創造及傳遞的方式類似（Zadunaisky Ehrlich & Blum-Kulka, in press）。

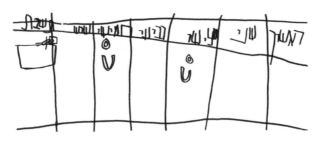

圖 4.18a　一張唱片與一張嘴巴的圖示代表星期二與星期四的音樂課

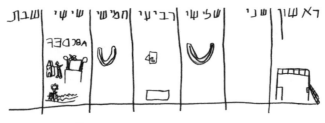

圖 4.18b　以嘴巴圖示代表音樂課

在另一個活動中，分成小組的幼兒園孩童被要求針對他們最喜歡的書籍做出評論。這些孩童被告知，因為另一所幼兒園要擴大他們的圖書館館藏，所以這群孩童對書的評論會拿來分享給另一所幼兒園的小朋友，以提供買書的建議。每個小組中有五位小朋友，每個人會拿到一張有著寬線條的紙，而他們必須創造出一些圖示來表徵他們認為選擇一本書時該有的考量。頁面上的線條是用來限制孩童所設計之圖示的大小，以保持所有的內容都會在同一個頁面內。限制圖示的尺寸會強迫孩童在每個圖示上只運用一定數量的元素，並刻意選擇最少量的項目以清楚且有效率的傳遞訊息（Mealing & Yazdani, 1993）。孩童建議的選書標準以及他們的圖像文本，都會在孩童新創造的圖示支援下，在口語互動時獲得處理。孩童一方面彼此聆聽與討論，另一方面也看著彼此的圖像作品。藉由語文與圖像的方式，孩童會對於一本書的各種相關面向進行協商。因此，整個互動過程中，孩童將他們的想法外化，並與其他同儕分享。這樣的過程形成了意義的相互分享（Karmiloff-Smith, 1992; Nelson, 2007）。

當交換有關其中一本書主題的想法時，孩童下結論說主要的題材是耐心。幾位孩童決定以其中一樣行為表現來表徵這個題材：一名男孩畫了一個小孩坐在餐桌旁耐心的等待用餐（見圖 4.19a），另一位女孩畫出一個小女孩坐在電腦旁邊（見圖 4.19b）耐心的等待媽媽來看她在電腦裡做出了什麼。

圖 4.19a　耐心：一個小孩坐在餐桌旁等待

圖 4.19b　耐心：一位小女孩坐在電腦旁等媽媽過來，而她的媽媽手裡握著炒菜鍋正忙著炒菜

　　與「耐心」的呈現方式類似，「乾淨」在下一個例子中藉由一種行為表現來傳達。此例子中的圖畫，發生於正在準備製作傳單的大自然場所，而這個場所是孩童們曾經參觀過的地方。這位孩童所創造出表徵「乾淨地方」的圖示，是顯示出一個人正在撿拾垃圾（圖4.20）。很有趣的是，在描述耐心的例子中，行為是特質的結果（有耐心的狀態），而在這個例子中，孩童想要表徵的「乾淨」，卻是達成乾淨的方法。

圖4.20　一個乾淨的地方：圖片中的人正在撿拾垃圾

　　一群正在參與《小紅帽》故事的孩童認為這是一個很長的故事，孩童被要求創造出一個圖示來呈現這個特點。幾經猶豫之後，在老師的鼓勵下，孩童開始思考那些可能可以幫助他們記憶，並向他人解釋「非常長」的意思為何。其中一位女孩畫了一隻長頸鹿，因為長頸鹿脖子很長（圖4.21a）。另一位女孩畫了長長的線（圖4.21b）。在這些例子中有個共同的特色就是長，因此表徵與被表徵兩者透過聯想而被連結了（見圖4.8與圖4.9成人運用圖示進行聯想）。

圖4.21a　長頸鹿：以長頸鹿的脖子來
　　　　　比喻一則長的故事

圖4.21b　長的直線：以圖中的長直線
　　　　　來代表長的故事

　　表徵與被表徵之間的聯想連結可以用聯合感覺（synaesthesia）為基礎，結合不同的感官經驗，例如「甜蜜的聲音」（聲音＋味覺）。知覺到事件之聯合感覺，除了「正常」的知覺過程外，還牽涉到其他感覺形式的使用。例如，看到某個字會想到某種味道，或者看到某個數字想到某個顏色（Green & Goswami, 2008）。聯合感覺可以由兩個互不抵損的取向來解釋。依據其中一個取向，聯合感覺是聯想學習（associative learning）的結果。因此，例如當一位女孩吃東西，在她的心裡，味覺會與食物名稱聯想在一起。接著，其他與該食物名稱字音類似的食物，也會與這個味覺相連結。第二個取向則宣稱聯合感覺是大腦中不同形式知覺的神經相連結。這些連結在發展過程中經歷了抑制（inhibition）或修剪（pruning）。[14] 這個取向的支持者宣稱在某些區域特別容易出現聯合感覺，像是一個高音與一種亮色之間的連結。與其他區域相比，人們即使沒有聯合感覺，也特別容易且快速的在這些區域內學習聯想連結（Cohen Kadosh, Henik, & Walsh, 2009; Spector & Maurer, 2009）。圖 4.22 是一幅幼兒園孩童繪製的畫，圖示表徵了材料的粗糙，而這樣粗糙的感覺是結合不平均的顏色分布與銳利的線條來表徵。

圖 4.22　粗糙的材料

14　「修剪」是一種自然的過程，在此過程中，丟棄了次級突觸連接，讓神經系統功能可以運作得更好。

　　一個有趣的現象是孩童用口說語言與手勢的隱喻來表達抽象概念。一位幼兒園女孩所繪製的圖 4.23a，選擇用在以色列廣被接受的手勢，以寫實的方式來表徵耐心，那就是舉起右手三根手指頭（拇指、食指與中指）彼此接觸並指向上方。請注意這個策略與道路號誌「停止」的策略，其相同之處都是有著舉起來的手掌（見圖 4.23b）。在這兩個圖示中，女孩所創造的圖示與傳統的「停止」號誌，依據 Vygotsky 的理論（1978），都是由次級符號所組成。換言之，也就是用符號（圖示）代表另一個符號（手勢）。

圖 4.23a 由三根手指頭所呈現的手勢　　圖 4.23b 「停止」號誌：藉由手勢描
　　　　 來表徵耐心　　　　　　　　　　　　　　 繪下令停止的號誌

　　下一個圖示是一位幼兒園女孩所繪製。圖示解釋了對她而言，朋友應該是「善良的」（good hearted）。圖 4.24 顯示兩個女孩（繪製者的朋友）和一顆心。這個圖示勾畫出口說語言中的隱喻，心代表了善良，而不是這個特質的行為表現。依賴口說語言的策略與取自於書寫語言之標誌使用，兩者間有個相似之處，以圖 4.9 為例，由一個問號來表徵道路號誌上的「訊息」，這些圖示都是次級的象徵化歷程（Vygotsky, 1978）。

圖 4.24　好朋友

🐦 在幼兒園使用圖示

在此段落，我們會說明幼兒園中的圖示可能具有的不同功能。圖示可做為發展認知能力、口說語言能力、後設語言覺知以及社會溝通的工具。

🌱 培養認知能力

在準備清單、目錄與圖表時，圖示可以做為輔助的工具。圖示可以在孩童日常例行生活中幫助記憶與監控各種狀況。圖示對於依據孩童的需求列出各種清單，是非常有幫助的。舉例而言，購物清單、外出旅行所需的備品清單、幼兒園慶祝會的活動清單、輪值清單等（見圖 4.16）。清單的運用可以讓孩童見識到除了依靠記憶之外，書面文本的優點。

圖示可以用於追蹤流程與現象，例如長達一個月的天氣觀測與月亮觀測，或是描述觀測結果、實驗變項與實驗結果。圖 4.25a 呈現學齡前孩童對於研究與螞蟻飲食習慣相關的假設，圖 4.25b 顯示其研究結果。圖示增強資訊的可取得性，而這些資訊可進一步量化、比較與彙整。

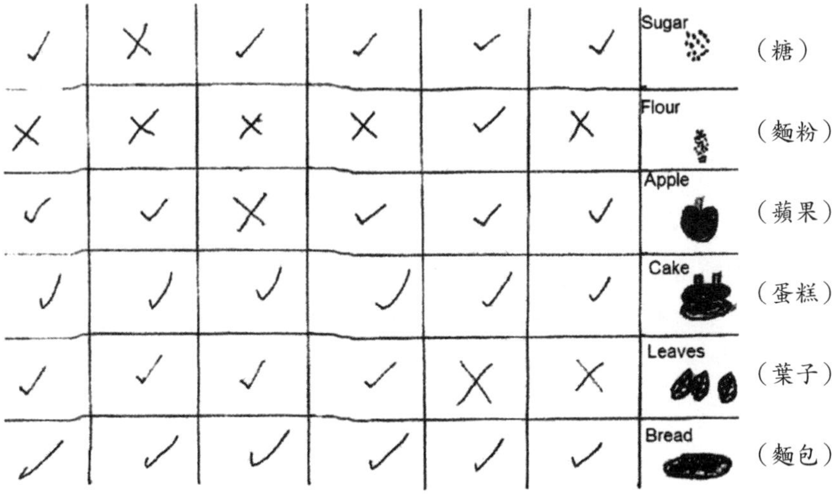

✓	✗	✓	✓	✓	✓	Sugar	（糖）
✗	✗	✗	✗	✓	✗	Flour	（麵粉）
✓	✓	✗	✓	✓	✓	Apple	（蘋果）
✓	✓	✓	✓	✓	✓	Cake	（蛋糕）
✓	✓	✓	✓	✗	✗	Leaves	（葉子）
✓	✓	✓	✓	✓	✓	Bread	（麵包）

圖 4.25a　孩童對於螞蟻飲食偏好的觀點
　　　　　（作者用英文標籤取代原本的希伯來文）

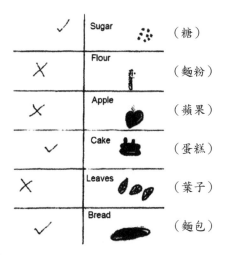

✓	Sugar	（糖）
✗	Flour	（麵粉）
✗	Apple	（蘋果）
✓	Cake	（蛋糕）
✗	Leaves	（葉子）
✓	Bread	（麵包）

圖 4.25b　觀察結果（英文標籤是由作者所寫）

　　每日例行照顧動物的工作包括清理籠舍、注滿飲水容器與餵食等。我們必須檢查動物是否正常進食與飲水，如果有任何不正常的現象，便須設法找出原因。正如同表格用來記錄用藥（Jacobson, Kripalani, Gazmararian, & McMorris,

2008），表格也能用來幫助孩童和老師確保動物受到妥善照顧，避免因為忘記
而造成疏漏（見第一章簡介，心理調節與心靈分享部分）。圖 4.26 是一個每
日照護表格的範例。橫列的圖示代表兩隻兔子（一隻棕色、一隻灰色），縱欄
的圖示描述了提供給兔子們的食物（由右至左分別為番茄、黃瓜、青椒、紅蘿
蔔與高麗菜）。被吃過的食物打 ✓，沒有被吃的食物以 ✕ 號代表。這個表的
作者結合了兩種符號來代表棕色兔子食用部分的小黃瓜。可以進一步加上新的
圖示來表徵是由哪個孩童負責這項工作、餵食的時間，以及被吃掉的食物量等
等。

（高麗菜）（紅蘿蔔）（青椒）（黃瓜）（番茄）

Cabbage	Carrot	Pepper	Cucumber	Tomato	
✕	✓	✕	✓ ✕	✓	Brown rabbit （棕色兔子）
✓	✓	✕	✓	✕	Gray rabbit （灰色兔子）

圖 4.26　一個日常餵食的表格，記錄對於兩隻兔子的照護
（英文是由作者加上去的，原始的兔子沒有命名）

　　某些幼兒園常見的活動包括依照分類學進行分類（例如植物、動物、工
具、車輛與材料），以及描述相關項目的特徵。圖 4.27 是一張表徵各種材料
的表格。

　　第一列的圖示代表各種材料，由左至右分別為玻璃（由杯子代表）、木頭
（由一棵樹表示）、毛料、水與鐵（由一個砝碼表示）。第二與第三列描述各

圖 4.27　表格呈現各種材料及其特徵

種材料的特徵，一個塗滿的長方形代表不透明的材料，一個沒有塗滿的長方形代表透明材料。一個有曲線的圖示代表有彈性的材料。在玻璃杯下方的虛線表示這個材質是易碎的。利用一個有圖示的表格，能夠構成一個便利的基礎以描述與比較各種特徵。

　　以上描述的三種表格僅僅只是例子。每種牽涉了圖示的選擇與使用的活動，都可能引起同儕之間的交換、反思與問題解決的能力。

加強口說語言與後設語言技能

　　在畫畫與繪圖的章節中，我們提到了幼兒園孩童所創造的一本字典，該字典包括了一頁藉由代表嘴巴的圖示畫出「有說服力的人」的概念。這個例子顯示圖示可以用來幫助記得廣泛使用的字詞。

　　將情感視覺化（visualing feelings）是一項困難的工作，因為情感是看不見的。孩童可以利用一般慣用的圖示來表達他們在學校所體驗到的情感。例如，孩童可以在每日活動的圖表上畫出圖示，以顯示出他們體驗到某特殊情感多少時間，像是開心的情感，如滿意、很美或是很友善等（見圖 4.4 與圖 4.24），或是不開心的體驗，像是失望、寂寞或渴望。同樣的，孩童可以描述

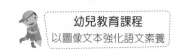

和他們造訪過的某個場所、閱讀過的書,或是看過的電視節目有關的情感。
設計的過程,以及圖示的選擇與命名,都能讓孩童對於其情感有思考性的觀
察與對話,運用這些方式可以促成心智理論的發展(Astington, 1993; Denham,
1986; Dunn, Brown, & Beardsall, 1991; Garner, Jones, Gaddy, & Rennie, 1997;
LaBounty, Wellman, Olson, Lagattuta, & Liu, 2008)。

　　以下活動都提供了機會,讓孩童可以深度處理如何表徵概念。例如,幼兒
園孩童看了一個圖示,圖示上是一扇打開的門與一個笑臉(見圖 4.28)。孩童
被問到這個圖示是否適合用來表示「好客」?孩童進一步考量生氣的臉是不是
也適合?最後做出結論,表示生氣的臉並不適合。因為歡迎訪客並不只是讓訪
客進來,而是要熱情的接受訪客,確認訪客覺得很自在。因此,圖示的檢驗既
能夠澄清概念,並能聚焦於更微妙的面向。

圖 4.28　好客

　　同儕的對話與交談可以讓孩童覺知以各種方法用圖示來描繪觀點,並鼓
勵孩童使用隱喻的思考。這種型態的對話可能來自於孩童間自發性的互動,
也可能來自於老師帶動的討論。例如,幼兒園孩童被要求對一本書做出評
論,他們做出這本書是有關「友誼」的結論。其中一名女孩建議透過心形圖
像來描寫友誼,但小組內其他孩童反對,覺得「心形」代表「愛」。在一陣

討論（刺激了情緒覺知與口說語言的使用）之後，友誼與愛之間的差異變得更清楚了。這產生了一個由交握的手所組成的圖示（見圖 4.4）。即使手部沒有實際的動作，但這種表徵方式比喻了友誼需要接觸（contact）與共同合作（collaboration）。

　　與孩童談論圖示，能夠透過圖示的命名、分析圖示的組成要素，以及解釋選擇這個圖示的理由等過程，提供孩童語言表達的機會。這些都能鼓勵孩童創造出相對較長以及有連貫性的口說文本，而這些文本鼓勵了讀寫素養的發展（Blum-Kulka & Snow, 2004）。在這三種型態的語文文本中，論辯式的文本有著特殊的重要性，因為它們能引發推理，並且廣泛應用於學業環境中（Zadunaiski-Ehrlich & Blum-Kulka, 2014）。

🌿 將圖示做為一種社會溝通的工具

　　如同任何一種書面文本，圖示成為一種能夠記錄資訊，並且長時間保留功能的工具。人們可以利用圖示來記錄與提醒孩童在幼兒園或學校要遵守的規則。圖 4.29 是由一群一年級學生繪製的，圖中說明了垃圾應該被丟在指定的

圖 4.29　保持環境整潔：請勿將垃圾丟棄於垃圾桶外

垃圾桶內。孩童利用傳統普遍可見於「圖示語言」的元素創造了這樣的訊息，一個箭頭將垃圾導向垃圾箱，╳ 符號與紅色代表禁止將垃圾丟棄在箱子外，打 ✓ 符號呈現了理想的狀態，以及一般常見強調「正確」與「錯誤」對比的元素。

　　孩童有時候可能會覺得行為規則是由成人任意規定的。一套清晰可用，以圖像呈現的規則，或許可以幫助孩童去適應新環境。當孩童在一段對話後，確認每項規則的要求，自己製造出規則的圖示，他們才會覺得這些規則是必須遵守的。也就是說，為了自己的福祉而創造出這些規則。將規則置於可接觸的地方，傳達了孩童有個「目標」要達成，以及這個規則會持續存在的感覺，如此便能經常向孩童複述與解釋這些規則。一個清楚的例子來自於一所利用圖示達成社會情緒目標的幼兒園。這所幼兒園的孩童特別無法遵守紀律，老師認為這群學生很難控制，覺得他們需要以某種強烈的方法來教導。因為教室已經無法再進行任何有意義的活動了，老師暫停所有活動，要求孩童對於教室的狀況進行反思。孩童的結論是教室太吵鬧，以致於他們無法聽到彼此說話。因此，孩童決定要設計一個代表安靜的圖示，當必要時就拿出來使用。孩童建議了許多不同的圖示：像是以一隻耳朵來代表要聽老師的話；將食指放在嘴唇上代表停止說話或吼叫；以及如同停止號誌一樣，以一隻手來代表停止。接著，孩童進行投票，選出一個圖示，將投票狀況記錄在一個表格（以欄呈現每個圖示，每一列代表一個孩子）。表格的形式是另一種型態的圖像文本。在成功的使用圖示來改善教室氣氛之後，他們認為有必要以圖示進一步的設置規則。圖 4.30是幼兒園用來投票選出代表「安靜」圖示之投票結果的表格。

　　圖示可以變成一種促進幼兒園教師、孩童與父母之間溝通的重要工具。溝通之所以能夠成功，端視文本結構 [15]、溝通訊息陳列的位置（例如幼兒園公布欄或是吸引人的通訊報紙），以及孩童對於製造和傳遞訊息的參與程度而定。

15　文本應該由書寫文本與非語文圖像文本組成。這兩類文本以及兩種文本採用的比例應該調整到符合文本使用者的需求。

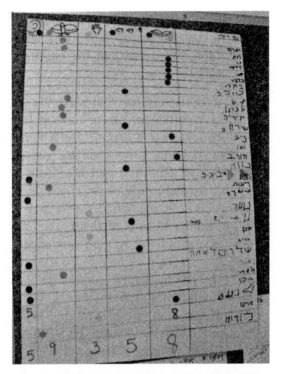

圖4.30　一張顯示出對於「安靜」圖示之投票結果的表格

以下的例子顯示，使用圖示是一種幼兒園人員、孩童及孩童父母之間的溝通方法。老師向孩童解釋在營火慶祝會時該準備的物品清單。

　　我們從與移民孩童多年的工作經驗中學習到，對於移民孩童而言，相當重要的是父母參與幼兒園的活動。然而，常有的狀況是，本身是移民的父母覺得幼兒園所說的語言很難，無法理解學校所發的通訊報紙或是由孩童帶回家的聯絡單。結果便是，移民父母不是不回應，就是回應了不相關的事情，這是一種讓移民父母感到沮喪與失望的狀況。透過圖示與照片，並經由孩童傳遞訊息來進行親師溝通，有很不錯的效果。例如，營火會安排與孩童一起用餐，每位孩童被要求從家裡帶來一樣蔬菜來做沙拉。老師提供每位孩童貼紙、彩色筆還有一頁上面寫著「致孩童父母」的題字。孩

童用不同顏色作畫，並使用貼紙來準備筆記：兩顆番茄、兩條小黃瓜、一顆檸檬、一顆洋蔥。早上上學時，孩童帶來了沙拉所需要的蔬菜。學校的人員驚喜的看到這樣熱烈回應的結果，因為，前一年並未使用圖示，也沒有透過孩童來傳達訊息，家長回應的情況相當不好。

　　依據老師的描述，當孩童實際參與準備親師通訊，並擔任幼兒園與家庭之間的媒介與橋梁時，親師之間的合作便得以強化。圖示可以是一種天然的管道，創造幼兒園活動與父母家庭之間的連貫性。孩童可以利用圖示來產生話題，並告知父母他們在學校活動所發生的種種事情，而不是擔任冷漠的傳訊者，只是傳遞無法理解的註記給連看都不想看的父母。當父母不能夠理解書寫語言，也無法從通訊報紙中獲益時，利用圖示產生話題並傳遞訊息這點便更為重要。

　　圖示亦可做為孩童與孩童之間，以及孩童與父母之間的溝通管道。圖4.31中的圖示是六歲的 Jonathan 所寫，提醒他的朋友以及朋友的父母到家裡作客的邀請函（邀請函是當面拿給朋友，因此並沒有提到收信者的名字）。

圖4.31　Jonathan 的邀請函

　　企圖「閱讀」圖示，可以讓孩童針對所選擇表徵的方法是否夠好進行體

驗。如果依據創造圖示者的意圖，某種表徵方式較為容易詮釋，這會推論出當創造圖示時，要牢記觀看圖示者的需求。這種過程非常仰賴同儕的互動，而這種互動的發生與否，則視圖示實際發生的效應是否符合當初圖像設計者想傳達的意義而定。如果這樣的交換討論並未即時發生，老師也需進一步鼓勵互動的產生。

在 Klein、Teubal 與 Ninio（2009）進行的研究中，三至六歲的幼兒園孩童準備兩種文本，分別是生日祝福語和購物清單。孩童們知道生日祝福語只有送給過生日的同學，沒有其他的用途，因此有些孩子將祝福語以字母刻畫出來。在準備購物清單時，他們則知道每次購物時可能會需要用到這張清單，便使用圖示而非像是文字般的字母來製作清單。這個例子證實了在一段時間之後，圖示（如同其他圖像類型）還是能夠被利用。透過孩童與其所創造的圖示進行有效的溝通，能夠培養其後設認知覺知的發展。

🌱 各種類型文本中圖示的理解與創造

在前一個單元我們檢視了孩童理解與設計圖示的能力，以及在幼兒園運用圖示可能帶給孩童的潛在益處。在這個單元，我們舉出兩種文本類型，在這其中圖示經常被使用，這兩種類型是食譜與給觀光客的旅遊宣傳單。透過這些文本類型，我們可以見到各種形式的標記法，像是寫作、圖示、數字、或插圖，如何結合在一起呈現完整的資訊。更進一步的，我們應該聚焦於圖示如何促進孩童對於訊息的理解，以及他們利用書面文本的能力。

●● 食譜

食譜的主要結構包括兩個部分：材料清單與步驟說明，有時候亦包含所需要的用具清單。當圖示被用於製作食譜的文本，孩童可以「閱讀」食譜，並且自己完成預備工作。一群不同能力程度的幼兒園孩童，一同參與一個需要閱讀食譜來完成蛋沙拉的活動。活動剛開始的時候，孩童被問到是否曾經看過像食譜這樣的東西。其中一位女孩回答：「這是一個故事……事實上，我認為這

是食譜，因為故事不會只有水果，對吧？」這個例子顯示，設計的結構以及圖示，都可幫助女孩分辨食譜與故事這兩種類型的不同。如同最初所發生的，即使情境告知與食物有關，女孩還是很容易便能詮釋圖示。接著，孩童被要求「閱讀」食材清單，有些孩子會將芥末醬與美乃滋罐子的圖示解釋為果醬瓶。他們的詮釋是來自於先前的知識。檢驗標籤上第一個字母，可以幫助孩子找到想找的東西。然後，孩童「閱讀」所需用具清單時，其中一位孩子用「某種平的東西，你可以在上面切東西」來描述砧板。這顯示老師有機會替砧板命名，也讓孩子們在最恰當的時機學習了新的詞彙。一些孩童將鍋子詮釋為炒菜鍋，而且會如同吃完飯後洗碗盤一般，在準備材料時將蛋洗過。如果對於文本結構熟悉，則能夠幫助孩童修正之前的印象，找出正確的烹飪程序。孩童「閱讀」沙拉製作步驟，按照食譜中圖示的空間結構的指示。這種「閱讀」狀態提供孩童一個練習文本主要特徵的機會，而這些主要特徵，也就是閱讀的方向，是這類文本與書寫語言所共同擁有的。換言之，這種互動提供了一種環境，在這種環境中孩童可以接觸到印刷品的概念（Clay, 2000）。多虧了圖示的支援，在總結活動時，孩童產生的口說文本是連貫且流利的（圖示對於語言技巧的貢獻）。在這個例子中，結合了熟悉且重複發生之結構的文本、示意的圖示與相關烹飪情境的經驗，這些對於孩童初步嘗試理解食譜有很大的幫助。食譜的文本在烹飪活動中扮演支撐記憶的角色（心智延伸），孩童能夠對活動有更進一步的規劃，在準備的程序中遵照指示（心理調節），並且在過程中與他人合作（心靈分享）。經常進行與食譜相關的活動，能夠鼓勵孩童將書寫文本當成一種保存與獲得知識的工具。圖 4.32 是由一個孩子所繪製的蜂蜜蛋糕食譜。依照蛋糕食譜上的圖示，需要 5 顆蛋（或以實際的數字來看是 6）、1 杯糖、3 杯麵粉、1 杯蜂蜜（蜂蜜是間接由一隻蜜蜂來表徵）、1 茶匙小蘇打和 1 杯茶。這個孩子用數字和圖示來標示數量，用圖示和書面文本（將產品的包裝標籤剪下）來標示所需食材。以同樣的方式，幼兒園一年當中所製作的食物，可以集合成一本食譜書。

圖 4.32 蜂蜜蛋糕的食譜

●● 旅遊宣傳單

　　旅遊宣傳單提供大眾可能有興趣之景點的相關資訊，像是遊樂園、國家公園、植物園與動物園等。旅遊宣傳單所提供的資訊通常會提及開放時間、交通指示、景點的主要設施、服務與希望遊客遵守的規則等。準備宣傳單是活動的一部分，孩童被要求與其他同學分享他們最喜歡之景點的相關資訊。無論孩童們選擇哪個景點，活動目的主要在於提供其他可能有興趣造訪的旅客，順利前往該景點時最需要的資訊。這些「其他的旅客」在孩童參與這項工作前便已確定，如此，這些特定族群的特質與需求才能被列入考量。這項活動在不同的幼兒園進行。接下來我們會描述其中兩張宣傳單，一張是描述遊樂園，另一張則描述一個類似考古學的景點——位於孩童所居住村莊的一座古老水泉。

　　圖 4.33 展示了孩童替遊樂園準備的宣傳單。在頁面的中央，相當大的空間被規劃為描繪該場所的繪圖（像是一張明信片，按照國家公園所發宣傳單的格式）。[16] 孩童將圖示置於「明信片」的兩邊，每個圖示都用方形的外框框起來。製作這張宣傳單的女孩在頁面上方選擇使用圖示代替文字，書寫出遊樂園的名稱。這個圖示顯示一個人滑下水道。同樣的滑梯出現在「明信片」中間做

16　繪圖所分配到的尺寸，以及每個圖示的大小，都是這類型畫的重要特徵。

為繪圖的一部分，勾畫出游泳池。旁邊的圖示傳達了該遊樂園與所提供服務的相關資訊。**該遊樂園的定義**：左上的圖示顯示了這是一個供遊憩的地方（圖示顯示四名孩童手牽手微笑著）。頁面右邊底部兩個圖示呈現了該場所不是一個神聖的地方（一個 × 出現在哭牆的照片上），[17] 也不是一個購物中心（一個 × 放在手拿皮包的人上面）。上面的圖示顯示遊樂園需要收取入場費用（以錢包表示）。其他的圖示展現遊樂園所提供的服務，右邊上面是一個球池的圖示，再往下是一個餐廳入口的圖示。左邊部分，在「遊憩場所」的圖示之下，有三個圖示，由上而下分別是旋轉木馬、洗手間，以及蔭涼（藉由一棵樹間接代表）可供休息之處和可曬到太陽的地方。

圖4.33　圖示呈現出造訪一個遊樂園的相關資訊

　　圖 4.34 是一個公園中旋轉木馬的圖解。注意圖 4.33 與圖 4.34 當中，都出現了旋轉木馬，兩個旋轉木馬圖示有些細微的不同。

17　耶路撒冷的哭牆是猶太人敬神禮拜的地方，哭牆是西元 70 年被摧毀之神殿的遺跡。

圖 4.34　一幅描繪公園旋轉木馬的插圖

　　圖 4.35 呈現一位五歲女童為村裡古老水泉做廣告而繪製的宣傳單。這張「明信片」顯示該景點的三個拱門。特別注意這名孩童所繪的拱門細節，以勾畫拱門周圍的石頭和石頭縫隙中的植物嫩芽來描述。在「明信片」下方，有四

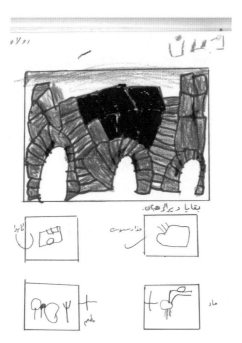

圖 4.35　一位幼兒園孩童繪製如何造訪她所在村落的水泉。
該村落位於以色列加利利地區的 llabun

個圖示。左邊上面的圖示代表一台相機，旁邊有個「✓」標誌，代表拍照是允許的。右邊的圖示藉由一隻鞋子和一個「✓」標誌來顯示，代表造訪這個景點是可以穿鞋而不需要脫鞋的（相對於宗教的神聖殿堂，例如清真寺，是必須脫鞋的）。在下面的兩個圖示告知該景點沒有餐廳（藉由一個盤子和餐具，伴隨著「✕」標誌），也沒有提供飲用水（藉由一個「✕」標誌放在水龍頭旁邊來代表）。

在孩童造訪一個地方之前，蒐集該地方相關的資訊（可透過網路、書籍、明信片、旅遊指南和官方宣傳單），討論該地各種值得學習的特色，是非常值得的。這能夠鼓勵孩童一般的對話能力和辯論技巧的發展，引導出孩童對於有著不同興趣的人們，有不同需求的覺知。

在造訪各地時應該要注意各個圖示提供了何種程度的正確資訊？例如，是有一間餐廳可供用餐，還是只有一個小販賣亭？是否真的有蔭涼的地方？有沒有特別的單車專用道？該場所是否是無障礙空間？在何種程度上是由圖示來滿足訪客的需求？孩童可以表達他們對於藉由星號註記各種服務和不同地點的意見。可以比較不同孩子的評分與一般大眾共識的總結之間的差異。

可以製作一本「指南」，裡面包括了孩童從造訪過的地方，蒐集而來的宣傳單。也可以加上地圖，顯示出推薦景點的地理位置（因而加深與強化知識）。這本指南可以當成一個紀錄，記錄每次的出訪，同時也當成孩童與朋友或是父母溝通下一回出遊該去哪裡的推薦依據。

運用圖示進行的活動

實習老師的活動

與實習老師一同進行的活動，目的在於讓實習老師注意到圖示並不是一種一目了然的溝通方式，例如，對於看圖示的人而言，除非在很多狀況下與所代

表的內容很相似，不然，圖示的意義通常並不是很明顯。活動的焦點置於圖示的結構，以及圖示組成要素和所代表內容之間的關係。

●● 圖示分類

實習老師可以從周遭蒐集圖示，目的在檢驗圖示描寫什麼內容，以及內容如何表徵。每個圖示的組成要素為何？這些要素如何被組織起來？圖示寫實到什麼程度？圖示有多麼直接？圖示是否有書寫語言來補充？

●● 圖示可理解的程度

實習老師可以蒐集出現在網站上以及相關出版品的圖示，針對圖示可理解的程度進行評估與給分。在各種地方都見得到圖示，包括大學網站、洗衣指南、電子器材使用手冊、汽車書籍等。研究實習老師究竟是利用什麼線索來詮釋這些圖示（例如，與呈現的內容相似、背景知識、情境、聯想等）應會相當有趣。

一種類似的替代工作是去分析小學教科書或是練習簿的圖示，特別注意箭頭的使用與其重要性。在這項練習之後，實習老師應要製作出所分析材料的修正版本。

建議研究：針對不同族群，檢查圖示在他們環境中被理解的程度，像是藥物、道路號誌、電腦等。也很值得要求實習老師從設計與文化的角度，建議更多替代的圖示。

🌱 幼兒園利用圖示的活動

在本章中我們提出許多可以運用圖示之活動的不同例子：建立一個書籍推薦的檔案；替在幼兒園所學習的詞彙編寫一本字典（包含普遍使用與抽象的字詞）；編寫一本幼兒園食譜，或是蒐集孩童喜歡也知道如何準備之食物的食譜；草擬學校行為規範；準備給父母和孩童的學校通訊與邀請函；在行事曆上標記活動；替旅遊景點製作宣傳單；以及記錄自然現象或是實驗課程的觀察結

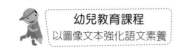
果等。以下我們建議一些其他的活動。

我們參考孩童的詳細論述，以與他們相關的多重選擇來表徵內容，是一種強而有力的情境，可以引出與支援後設認知能力活動。前兩個活動的目的，是要促進孩童對於圖示啟示的覺知，將圖示當做表達與溝通的方式。

●● 圖示理解

在圖示能於主要活動中扮演重要的角色之前，可能需要預備的活動。這種型態的準備，可能包括回憶過去累積的相關知識與字彙，以及選擇主要活動所需的圖示。例如，替一個節日相關的活動選擇圖示，便提供了對話的機會，在此對話中，得以回憶起與該節日有關的符號以及事件，過程中可以提供孩童許多不同的圖示，讓他們做選擇。在孩童討論圖示意義與解釋他們為何選擇該圖示的互動中，學習到每個人對於圖示都有不同的詮釋；在各種不同的情境下，同一個圖示也會有不同的意義。這是一個圖示所提供的後設認知活動的例子，因為這樣的理解能夠提供孩童一個學習的機會，讓孩童明白同一內容可以用不同的圖示來表徵。類似的替代工作是將許多不同的圖示依照主題分類，以準備一份當需要時能夠輕易取得的目錄。

建議研究：（1）記錄孩童一整年在替不同活動選擇圖示時所進行的互動，這可能可以做為評估孩童對於圖示功能理解之發展的一種工具。（2）圖示促成孩童對於文學隱喻的理解，可以透過比較幼兒園時期孩童在理解文學文字前後的情形來檢視。也可能可以針對廣泛使用圖示的幼兒園與沒有使用圖示的幼兒園進行比較。

●● 遵照圖像組裝之指示

圖像組裝指示能夠引導孩童閱讀與理解圖示。

●● 設計桌上遊戲

在建立桌上遊戲的情境下，孩童會被鼓勵在遊戲盤上使用圖示、說明頁和

任何其他適合遊戲的要件來提升他們的作品，例如卡片與圖解。當桌上遊戲設計好可供使用的時候，那些參與設計的孩童不會自己介入，他們會邀請其他孩童來玩，而非只提供遊戲者圖像指示以及遊戲材料。遊戲「設計者」會被指導去觀察「遊戲者」究竟能理解所提供的遊戲說明到什麼程度。這可以提升「設計者」與「遊戲者」之間的對談交流，進而透過修改圖像以符合遊戲者需求，來改善遊戲說明。

　　建議研究：教師需要記錄哪些圖示比較容易被理解，以及注意到個別差異。孩童在收到同儕的意見回饋後，能改善他們所創造的圖示到什麼程度，也是值得研究的（建議閱讀：Callaghan, 1999）。

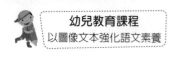

5 地圖

　　本章我們針對孩童如何將地圖當成一種工具去表徵空間關係、發展空間概念，以及了解空間，提出一些建議。首先，我們應該分析人類的空間概念以及空間方位，[1] 接著討論地圖表徵空間的方式，並參考閱讀地圖與發展繪畫技巧的相關資料。我們會提出一些活動，以促進孩童了解地圖做為表徵空間與空間方位的工具。本章亦會以研究與評估使用地圖與空間認知的學習做為總結。

🐦 認知空間

　　人類的空間認知取決於人類對空間的知覺以及其行動。依照工作中的不同，人們也知覺到不同的空間。不同的空間知覺與不同的行動有關。也就是說，心理上的空間與物理上、測量上或是製圖上的空間，是不同的（見 Tversky, 2005, 2008）。空間由經驗與物理知覺來定位（體現認知，embodied cognition）（Lakoff & Johnson, 1980）。

　　依據 Tversky（2008），我們提供三種分別是不同種類、不同行動與不同概念化的認知空間。

1　此主題過於廣泛，無法進行整體討論。因此在本章中，我們只討論與地圖使用相關的領域。

🌱 身體的空間

在身體空間方面，人們經驗了內在與外在的情感，也從他們的身體動作與姿勢獲取反饋的訊息。本體感受技能協調了感官與肢體，告知主人在不同的狀況下可能有的運動與知覺（Tversky, 2008）。

🌱 身體周圍的空間

身體周圍的空間是指在不改變所在位置（例如衣櫃或是房間）的狀況下，可以被知覺到或是行動的空間。身體周圍的空間依著三種身體軸線建立，（1）從頭到腳的軸線，通常與重力（地心引力）相關，因此最容易被知覺到，並記得物品的位置與其關係。（2）前面到後面的軸線，既然眼睛是向前看的，相對於在眼睛後面的事物，在眼睛前面的東西自然較容易被知覺到與記住。（3）由左至右的軸線，與上述兩者相比，是較為對稱的。因此要區分左與右，需要更多的努力。

對於描述身體周圍空間的獨特見解即是「凝視描述」（gaze description），換言之，也就是一種固定的眼界，用來描述與觀看者身體軸線相關之物體位置。每一個觀看的獨特時刻，透過上述三種軸線空間的衍生而建立，在記憶中以一種「心理空間框架」表徵出來（Tversky, 2008）。當人們在環境中重複的曝光與重複的運動，獲得的經驗越多，空間的表徵就越抽象。這些抽象空間的表徵讓人們可以整合同一環境下的許多不同觀點，以及進行不同觀點之間的轉變。例如，當人們接近一座建築物時，會感受到「前面的景觀」，當轉個彎到建築物側邊時，會有「側邊的景觀」。熟知建築物的人從不同的角度體驗了同一建築物的不同面向。對於相同空間的多樣表徵已從多個空間實驗中被創造出來，這是指空間表徵可以是一個自由的表徵方式，而非綁定在某些特定觀點上。

航行的空間

航行的空間（space of navigation）是最大程度的一個空間，眼睛無法窺得其全貌。例子像是街坊鄰居、城市、國家、洲，或是太空中的星球。空間航行區域的表徵是多樣部分經驗的結果，舉例來說，歐洲大陸的空間概念可能來自於旅遊、照片、地圖或是公眾描述等等的經驗（Tversky, 2008; Davies & Uttal, 2007）。

以上這些包括許多不同的零碎訊息。為了要創造一個歐洲的表徵，且此表徵將歐洲當成航行的空間區域，必須整合各種不同的零碎資訊。例如巴黎機場的照片與地鐵地圖的連結；連接歐洲不同國家的地圖，一個接著一個加上不同片段的資訊，例如政治區域地圖[2]附著一個地形地圖。[3]這些零碎的資訊在大小、形式、比例或是觀點上可以有所不同。自他處得到的資訊（無論是從個人或是資料庫），在建立航行空間的表徵時都很重要。個人透過自己的行動獲得的知識，與從世界地圖、衛星照片這類資訊來源得來的知識是完全不同的。即使是一個透過個人行動而知道的較小空間，例如一個國外的城市，比起從其他消息來源取得的資訊，加速方位的確認與認知表徵的建立可能更為有效。此一特徵並非人類特有，舉例來說，採蜜時蜜蜂之間會以一種舞姿來傳遞訊息（Frisch, 1967）。

在整合的過程中，最終產生的結果是粗估與概要的（schematic）。Tversky（1993）指出，許多**典型錯誤**都是因為試圖替一個大的空間創造簡單與組織化的表徵而造成。例如，人們傾向於認為紐約比羅馬在更北邊的地方，即使兩個城市事實上位處同一緯度。這種狀況之所以存在，是因為羅馬被認為是在歐洲南部地中海區域，而紐約被認為是北美洲北部的一個地方。這種錯誤顯示出地理區域被人們以**概要化與層級化**的方法來知覺。城市之間地理位置的比較是以

2　政治區域地圖將不同區域劃分成不同國家，亦即每個國家的區域用不同的顏色呈現。
3　地形地圖依據比例勾畫出自然界的相貌。

一種扣除法的過程（process of deduction）來進行，依照概要式的表徵方式顯示出該城市在哪一個洲，而未直接去看城市本身所在的位置。概要式表徵「拉直」了彎曲的線，因此，十字路口在記憶中被描繪成幾個直角。這種以將線「拉直」來描繪各大洲的傾向，造成了人們未察覺事實上南美洲是在北美洲的東部。另一個空間航行領域在記憶中表徵的組織原則是**就近原則**。依據此原則，在多重語言的都會區，相同語言的人們會比鄰而居。相較於與他們說著相同語言的鄰近地區，人們通常預估他們的居住地和與他們說不同語言的地方，距離會來得遠些。另一個原則便是**顯著原則**。依據此原則，人們容易認為從某個特定地點到一個知名地標的距離，會比其他相同距離的路程來得近些。顯著原則亦解釋了為何人們高估了短距離與低估了較長的距離。這種現象源自於人們對於較近距離有較詳細的知覺，而且受到是否對中間所有的障礙熟悉度之影響，然而較遠的距離則被認為是同質的。[4]

航行空間的概要式表徵與精確的描述身體周圍的空間形成鮮明的對比（例如，演奏樂器或是用小刀切割東西）。在航行空間中較大空間的概要式表徵所犯的錯誤，對於日常運作並無不良的影響（Tversky, 2005）。

有兩種觀點可以描述較大的環境，分別是路線的觀點與調查的觀點。「**路線」的觀點**是一種對旅人展現空間的連續性描述。路線觀點的例子像是從甲地到乙地透過 GPS 衛星導航系統的一連串描述。「**調查」的觀點**則是一種從靜止的「鳥瞰」視角進行以讓人理解的描述。這樣鳥瞰的視角，允許空間中不同地點之間多個空間關係在同一時間被知覺到。地形圖便是一種從調查的觀點來描繪的地圖。調查的觀點將空間中物體以與外部參考架構的關係來定位。在地形圖中，有兩個外部參考架構，分別是東西南北四個方位與經緯度座標。

4　類似的現象也出現在對時間的知覺：在時間上，遙遠的過去或是很遠的將來都被視為更相似（換言之，就如同較不被事件塞滿），兩者也更為接近。

從發展的觀點看空間關係的表徵

　　孩童所學習的第一個空間關係是相對另一個物品（背景），放置一個物品（圖形）：例如，在「餐桌上」的盤子、在椅子「下方」的球、盒子「裡面」的鑰匙。這些描述空間中不同物品的空間關係，並沒有一個外部的參考架構。Piaget 與 Inhelder（1956）認為以少量的明顯標的物與少量的空間關係互為座標，這種描述稱為「拓樸觀點」（topological perspective）。

　　在大約五歲之後，孩童能夠從空間中採用不同的觀點，並以此些觀點來描述相同的空間。這構成了外部的參考架構來描述不同物體之間的空間關係。以下的敘述是對於相同地方以不同觀點敘述的例子：「如果你從廣場過來，房子是在花店的右邊，在巴士站的後面。但是，如果你從公園過來，房子是在花店的左邊，在巴士站之前」。Piaget 與 Inhelder（1956）將利用觀察者的觀點當做外部參考架構稱為「投射觀點」（projective perspective）。他們宣稱只有在七歲以後，孩童才能表徵與系統化、客觀性的外部參考架構有關的空間關係，像是東西南北四個方位或是經緯線。他們稱此為「歐幾里德觀點」（Euclidean perspective）。

　　如同前言所說，概念的獲得是受到年齡限制的想法，與本書所依據的理論架構是不同的，本書的理論架構主張概念的發展受到物理、歷史與社會文化的情境，以及成熟因素所影響（Nelson, 2007）。Levinson（2003）的研究結果也印證了同樣的論述，他發現在許多文化中對於空間關係的態度是以「歐幾里德觀點」[5] 為基礎，在這些文化當中，很習慣以東西南北四個點來描繪物體間的關係，例如，「香菸放在你房子西邊桌子的南邊邊緣」。在這些文化中，孩童大約四歲左右，開始取得定位物體在空間中位置的能力。而在某些文化中，

5　Levinson 認為「歐幾里德觀點」是「絕對的參考架構」；「投射觀點」是「相對的參考架構」。

一點都不習慣利用「投射觀點」，因此，很自然的會期待孩童空間概念的習得是與該文化中所能獲得的經驗和工具有關。這些經驗和工具諸如在叢林探索或海中航行、放牧、尋找水源、利用地圖或 GPS 衛星導航，或是多接觸與空間定位相關的字彙（Tversky, 2008）。

圖 5.1 至圖 5.3 顯示身處不同空間的孩童如何習得辨認方位的技能。

圖 5.1　一個孩子牽著一隻駱駝在沙漠行走

圖 5.2　一個划著獨木舟航行的孩子

圖 5.3 在都市街道行走的孩童

當描述空間關係的表徵和空間認知時，很重要的是要能區分「知覺」的空間認知（"perceptual" spatial cognition）與「概念」的空間認知（"conceptual" spatial cognition）之間的不同。「知覺」的空間認知是從環境取得資料後便立即處理，而「概念」的空間認知則是依賴表徵及心理轉換（mental transformations）。當對孩童的測試牽涉到「知覺」的空間認知時，其成功率較高；發展的藍圖與那些在任務中要求的「概念」的空間認知相比，也較為「先行」（advanced）（Blades & Spencer, 1994）。而且，當工作與任務牽涉到概念的空間認知時，影像與心理轉化則依賴實際經驗的有無。若測試前有實際的行動，如在房間中隨意行走，其成功的機率較高。相對的，如果沒有此基礎的影像與心理轉化，像是讓受試者輪流轉換房間（Tversky, 2008），則其在概念性空間認知工作上成功的機率較低。這些研究結果與情境及體現的認知觀點是一致的（Lakoff & Johnson, 1980）。

地圖做為空間表徵的工具

　　地圖是透過符號來表徵空間的工具。以下，我們提供一些地圖的重要特色，而模型能夠記錄與建構空間的訊息。

　　地圖能夠使一個大面積的複雜區域看來**一目了然**。有些地圖表徵了無法被人類掌握的大面積區域，因其龐大的規模，地圖可將原本無法理解的資訊轉化為可以理解的資訊（Davies & Uttal, 2007）。

　　地圖同時提供多個地點的訊息，以及各地點之間的空間關係。地圖提供了有關地點的大小、形狀、位置等資訊，以及各個地點之間的距離、角度與連接道路，並讓我們得以比較不同路線與不同地點。地圖提供的資訊通常比乍看之下的更多，像是交通指南、公車路線、建築物的功能、地區的界線等。地圖通常包括額外的表徵方法，像是名稱與圖示。

　　地圖是符號式的模型。它們以選擇性的方式告知表徵的資訊，以達到特定的目的。如同許多其他的表徵方法，地圖需要決定哪些項目被包括在表徵裡面，例如，旅遊地圖強調旅客會有興趣的建築物（像是博物館、政府機關、宗教建築物等）並省略其他建築物。地圖以刻意含糊的方式表徵出選擇過的資訊，例如，在道路地圖上，高速公路、加油站與河流等重要的項目，會以相對於地圖上其他要素更大的尺寸來呈現。這些地圖可能會將曲線轉化為 90 度角，並表徵出不可能的觀點組合，像是高速公路鳥瞰圖與知名地點的正面景象。拓樸地圖標記了沒有度量單位的空間關係。典型的例子便是巴士與火車路線圖。圖 5.4 顯示了倫敦地鐵的地圖。車站順序雖然正確呈現，但沒有依照實際的距離安排。

　　當 3D 立體空間顯示在一個二維的平面地圖時，是不可能確切表徵實際大小的。無論是被表徵區域的形式或是被表徵區域的大小，都不可能呈現真實的狀態。表徵時必須視表徵的目的，而選擇最相關的特徵進行。例如，當草擬一

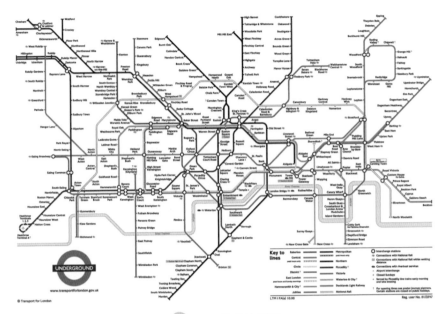

圖5.4　倫敦地鐵圖

張格陵蘭的地圖，必須要決定在二維平面是否顯示出平行的經線。顯示平行的經線會忠實呈現出海岸線（對於水手有幫助的地圖），但會讓格陵蘭看來像巴西一樣大。不顯示平行的經線會造成經線變成弧形（如同表徵整個地球的地圖習慣常用的），這樣的地圖能夠保存原本格陵蘭與陸地間的尺寸比例，但海岸線會被扭曲（Liben & Myers, 2007）。

　　上述地圖的特徵強調了其為讀寫工具的本質。這類讀寫工具特別能夠以一種簡單精巧與便利的方式，促進空間思考與大空間的複雜訊息之表徵。如此一來，也減輕了地圖使用者蒐集與整合零碎資訊的負擔。因此地圖對於記錄與傳送空間訊息是很有效益的。地圖在建構世界如何被認知上扮演著很重要的角色。地圖讓人們得以思考、研究並得出結論。如果沒有地圖，很多狀況將變得不可能或是更複雜，像是規劃新的道路、天氣預報、疾病散播的研究等（Uttal, 2005）。

影響使用地圖能力的因素

　　孩童大約在三歲左右對於地圖的使用即有全面性的理解，他們能夠辨認地圖及其用途——「指出不同的地方」、「告訴人們誰住哪裡」、「知道要去哪裡」（Liben & Myers, 2007）。但是，為了要實際使用地圖，許多技能還是需要學習的，以下我們討論部分所需要的技能。

理解真實項目及其地圖上的表徵間的關聯

　　對於地圖上的符號如何代表真正的事物，這種理解能力是逐漸發展起來的。如同在照片的章節所解釋，在兩歲到三歲之間，孩童對於理解一張照片與照片所描繪的空間兩者之間關聯的能力，是急遽發展的。兩歲的孩童能夠依照相片裡的指示將一個玩具放到房間裡面（DeLoache & Burns, 1994），以及指著照片告訴他人他們將玩具放在房間的哪裡（Peralta & Salsa, 2009），這些都與使用地圖的能力相關。

　　孩童和缺乏經驗的成人，期待真實物體的特徵與其表徵之間有著某種關聯，但孩童對於區分符號要素是重要或偶發的有所困難。這種傾向並不限於閱讀地圖的技巧，也可能在符號表徵的其他領域發生（Davies & Uttal, 2007）。Myers 與 Liben（2008）發現，五歲大的孩童對於理解成人創造出的非圖示表徵，有其困難。他們讓孩童看包含紅色與綠色點的地圖，並解釋綠色點代表消防車，而紅色點則是裝飾。孩童很順利的記得研究人員提供的訊息，並且重複一次。但當孩童被問到地圖上哪些點代表消防車，他們會指出紅色的點。必須等到孩童九歲或十歲才能完美的達成這項任務。在另一個研究中，Liben 與 Downs（1989）發現，幼兒園孩童期望在地圖上由紅色線描繪的道路，在真實世界中也是如此。事實上，地圖上的顏色有些是圖示（例如海洋、河流與湖泊是以藍色標示），但這些圖示強化了孩童的錯誤期待。我們認為，這點應該也

對缺乏經驗的成年人進行檢驗。分辨人們理解非圖示符號的能力與抑制誤導聯想的能力（盡力控制）是很重要的。上述研究結果似乎與希望製造出使用者友善的商品之設計者更有關係，而非對孩童發展能力有興趣者。地圖圖例幫助各年齡層的使用者去詮釋地圖上的符號。

縮放比例尺

在大約三歲時，孩童理解地圖是代表一個大的區域，但他們對於縮放比例尺還是很難理解。幼兒園孩童以及缺乏經驗的成年人，可能會宣稱在一張高空空照圖中出現的船是魚、道路是細細的線；一座足球場不可能是「爸爸的辦公室」，因為爸爸的辦公室太小了。另一種現象是在詮釋地圖時無法維持縮放比例尺的統一，孩童可能可以認出一張城市的地圖，但會描述體育場為一個「眼睛」。成年人習慣使用地球上各個不同區域的地圖，並且能夠正確的詮釋比例尺，但仍舊可能在詮釋太空衛星所拍攝的圖片時，對於判斷比例大小犯下嚴重的錯誤（Liben & Myers, 2007）。Liben 宣稱，造成這種困難的可能原因之一，在於缺乏大區域地圖及照片所提供的視覺輸入，與實際移動經驗之間的連接所致（Liben, 2005）。

角度

人們對於真實的知覺、其在記憶中表徵的方式，以及其在地圖上的表徵，三者之間的相似度越高，使用地圖就越為便利（Liben, 2005）。圖 5.5 與圖 5.6 描繪了梵蒂岡市。圖 5.5 是平面地圖，圖 5.6 是以傾斜角度從上方觀察相同面積的圖片地圖。研究發現，圖片地圖比平面地圖較為容易詮釋，即使是在呈現較小或較熟悉區域時（例如一間房子或一個房間的圖）。因此，例如五歲大的孩童從一個制高點（因而得以俯視）觀察教室時，會發現繪製的圖片地圖比平面地圖更容易理解。其中一位孩童解釋，在第一個地圖他們可以看到桌腳，這比平面地圖上桌腳以圈圈代替來得容易理解（Liben & Yekel, 1996）。孩童的解釋觀點指向人們並不僅僅以立即的知覺資訊與地圖比較，而是會將所表徵

物體相關的影像與資訊進行拼貼。

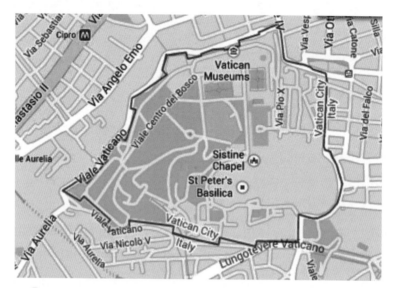

圖 5.5 梵蒂岡的平面地圖。地圖資料來自於 2014 年 Google

圖 5.6 梵蒂岡的圖片地圖

地圖的空間表徵與個人辨認方位的能力

　　到目前為止，我們檢視了地圖上表徵世上物體的要素，接著應該檢視由個人所知覺到之地圖上的空間與實際空間的關係。依據 Uttal、Gentner、Liu 與 Lewis（2008）的研究，對於實際空間關係與地圖上的空間關係兩者之間相似處的理解，這種能力的發展，較理解實際物體與地圖上的要素之間的相似處的能力發展來得晚。大部分針對孩童對於地圖空間與實際空間之間關係之理解能力的研究，都是針對小的空間，像是身體周遭的空間（Wiegland, 2006）。

校準

　　依據慣例，地圖是經過草稿設計的，頁面的上方代表北方。當在地面使用地形圖來確定方位時，使用者必須校準方向，如此，地圖使用者與地圖上代表「北方」的位置，才會與地理上的「北方」一致。校準可以利用不同方式來達成，可以實際上或是心理上將實體地圖轉個方向，或是旋轉心理表徵的方向。將地圖轉向，直到與真實世界（物理性校準）一致，可使地圖使用者在表徵（地圖）與表徵空間之間的知覺相符合。

　　無論是孩童或是成年人都發現，當經過校準，使彼此的空間觀點一致時，使用地圖會變得更簡單。Blades 與 Spencer（1994）發現，當地圖被調整到與孩童的觀點相同時，年齡介於三至六歲的孩童能夠成功的使用一張簡單的地圖來辨認房間內物品的位置。然而，當地圖被旋轉 180 度後拿給他們，孩童的回應是「自我中心」的。換言之，孩童們會在房間的右邊（相對於孩童對於房間的角度）找尋出現在地圖右邊（相對於他們的角度）的一個物體。在另一個 Liben 與 Myers（2007）的實驗中，孩童被要求指出在課堂上站著的一個人的位置，並且黏貼標籤於地圖上。當地圖調整成與孩童視線方向相同時，成功率非常高。二年級孩童的實驗結果，與五年級和六年級的實驗結果類似。然而，

當地圖被旋轉 180 度,只有六年級的孩童能夠順利完成這項任務。其他孩童會依照自己的角度,沒有考慮地圖與該房間之間的任何關聯。

與上述研究結果對比,我們發現幼兒園孩童參與由實習老師所中介的活動,練習校準所拿到的地圖旋轉 180 度與他們的視線方向相同之後,透過地圖引導,成功的找到藏在幼兒園遊戲場的物品。

過去進行的研究發現,在不同的文化中,男性在心理旋轉上是勝過女性的,這些差異在很小的年紀就開始出現。男孩在他們所處的環境中,有更多的機會四處閒晃(Ecuyer-Dab & Robert, 2004),男孩也比較容易去玩那些能夠促進空間認知的遊戲(Terlecki & Newcombe, 2005),這些都造成了男女之間的差異。然而,這些是否能夠解釋所發現的性別差異(Levine, Vasilyeva, Lourenco, Newcombe, & Huttenlocher, 2005),又或者將之歸因於天生差異,是最受爭議的(Geary & De Soto, 2001)。

由地標所支援的方位確認

孩童與成年人可以嘗試辨認出相關的建築標的物,而非只是心理旋轉或是實際旋轉地圖。辨認出標的物使人們不受所在位置之框架的限制。

以知名與獨特的地標來定位,既簡單又便利。針對鴿子進行研究的結果發現鴿子較倚賴建築標的物來定位,而非依靠嗅覺線索或是地球磁場來飛行,儘管必須飛行較遠的距離(Biro, Freeman, Meade, Roberts, & Guilford, 2007)。在大約兩歲半時,孩童可以成功的借助包含這些標的物圖案表徵的地圖,找到藏在明顯標的物的玩具(DeLoache, 2004)。Piaget 與 Inhelder(1956)要求三到四歲的孩童找出藏在一個房間內明顯地標旁的玩具(一間木製的房子)。孩童透過一個 3D 立體模型被告知藏玩具的位置,此模型被旋轉至相對於房間的方向。孩童利用其中一個地標特色去找尋物品。當有兩個類似的地標(兩間木頭房子)時,孩童必須將額外的特徵列入考量(例如,屋頂的顏色)。依據 Piaget 與 Inhelder,只有在孩童到了五歲大的時候,才能成功的將不只一個地標特徵列入考量。

繪製地圖

相對於閱讀地圖與使用地圖，孩童繪製地圖很少被拿來做為研究主題（Anderson, 1996; Michaelidou, Filippakopoulou, & Nakos, 2007）。Blades 與 Spencer（1994）宣稱孩童在四歲到六歲之間，繪製地圖比起理解地圖相對困難許多。Umek（2003）發現繪製地圖在小學階段也是困難的。地圖的繪製表達了個人空間的概念化，並受到繪製地圖目的之影響。在一項 2008 年於以色列進行的研究當中，一群幼兒園教師要求學生畫出他們的家，有些孩童應用了路線觀點來描繪，從前門開始，繼續經過每個房間，有些孩童則先呈現房子大致的輪廓，再呈現每個不同的房間（概況說明）（Taylor & Tversky, 1996）。另一個類似的活動於 2009 年進行，該活動包括三場 30 分鐘的集會，在第一個集會中，孩童變得較為熟悉遊樂場的地圖，用此地圖來找到「寶藏」，並且在地圖上標記寶藏的位置。在第二個集會中，一群孩子到圖書館，另一群孩子到雜貨店，在途中孩子指出地標，有些孩子會在走路的時候畫出路線，有些則僅僅以口語描述。口語描述的孩童參與第三個集會，在集會的第一階段，他們透過記憶畫出地圖，之後照著路線走一次，看看地圖是否符合實際的路線，必要的時候可修正地圖。圖 5.7 顯示由一位四歲孩童所畫的到雜貨店的路線。圖 5.8 顯示一位五歲大孩童所繪製到圖書館的路線。

圖 5.7 中的路線從圖畫左上方角落開始，到圖畫中間下面的雜貨店結束。雜貨店右邊是一隻狗，狗的右邊是一隻蜘蛛。在雜貨店上方是腳步。圖畫側邊的線條代表路線。在腳步上方水平平行的直線是人行穿越道。書寫筆記是由教師所加註。

圖 5.8 中的路線是由連續的線條所組成，從圖畫中間的幼兒園門口開始，到左下角的圖書館結束。大約是在長形區塊之間標示出直角的地方轉彎，重複的虛線代表步伐，圖片中的人是幼兒園警衛，警衛亭在他頭部的上方。

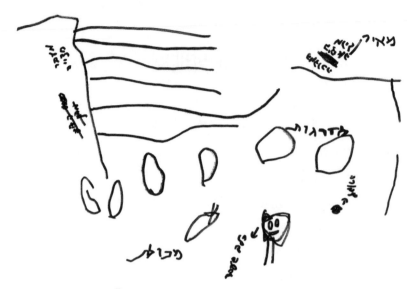

圖 5.7　從幼兒園到雜貨店的路線圖

圖 5.8　從幼兒園到圖書館的路線圖

　　分析在上述活動中繪製的十幅地圖發現，孩童繪製地圖時會畫出起點與終點。在部分的地圖中，一條延續的線代表路線。孩童藉由圖示與抽象的符號來標記知名的地標。例如，圖 5.7 的雜貨店和圖 5.8 的圖書館都是抽象的符號，而圖 5.8 當中的長方形圖像性的象徵了一個門，如同圖畫中還附了一個門把。與過去的研究主張（Anderson, 1996）矛盾的地方是，在類似物品的表徵方面，我們並未發現其間缺乏一致性。例如，樓梯被繪製為一個個重複的圖形：在圖 5.7 樓梯被繪製為一個個橢圓形，而在圖 5.8 樓梯被繪製為不連續線段。在圖 5.7 中的臨時性地標被標記為一隻狗與一隻蜘蛛，旁邊的固定性地標則是樓梯和人行穿越道。在圖 5.8 中標的性建築物更為固定：包括警衛與警衛亭、幼兒園的門、沿路的階梯和圖書館。

　　我們發現孩童投注在物體表徵大小的注意程度有所不同。在某些例子中，孩童的符號化過程與其所表徵的物體相當，但有些例子並不是如此。圖 5.8 當中，警衛的圖像比他的警衛亭還要大，警衛亭是以頭上方的三角形來表徵。此外，在圖 5.7 當中，狗的圖像比蜘蛛的圖像還要大。

　　部分孩童會自行為地圖添加裝飾，例如花朵、蝴蝶等，以提高作品的美觀，雖然這些裝飾與地圖本身並沒有任何關聯。這種趨勢在幼兒園孩童做其他工作時，也很常見，像是繪製科學繪圖或是行事曆時也是如此。

地圖做為強化學齡前孩童與周遭環境互動的工具

　　Dahaene 與其研究團隊（Dehaene, Izard, Pica, & Spelke, 2006）針對美國孩童與成年人，以及來自亞馬遜沒有文字的蒙杜魯庫文化的孩童與成年人，檢視他們是否能夠找到標記在地圖上的標的物。研究發現，有較多使用地圖經驗的美國成年人在這方面的能力優於其他三組。在西方文化中沒有閱讀地圖經驗的成年人，閱讀地圖的表現低於一名七歲大已經學會使用地圖的孩童（Liben & Myers, 2007）。Newcombe 與其團隊宣稱，無論男女，都可以從閱讀地圖

的訓練中獲益，因為閱讀地圖的訓練可以提升空間認知的發展（Newcombe, Mathason, & Terlecki, 2002）。

在幼兒園，可使用地圖來教導孩童記錄、記憶空間資料，並用之來產生連貫描述路線與位置的口語文本。藉由地圖的支援，孩童可以對一個新的地方進行學習、規劃參觀、查看該地的地點，並檢查參觀是否依照地圖與計畫進行（Teubal, 2008）。

閱讀地圖可以幫助孩童掌握那些在沒有使用地圖的狀況下無法取得的空間資訊。例如，Uttal 與 Wellman 在研究中發現，六歲大的孩童從地圖學到了一個建築物裡面房間的空間組成，這是他們無法從該建築物的語文描述中取得的。研究同時也發現，從語文描述去取得資訊的能力在十歲之前是不會出現的（Uttal & Wellman, 1989; Uttal, Fisher, & Taylor, 2006）。

藉由地圖進行的活動提供了提升孩童空間思考的機會，與拓展表達抽象概念的字彙。當對話伴隨著這些著重空間概念的工作時，學習抽象概念字彙的機會便產生，像是相對方位（「右」、「左」、「前」、「後」）與絕對方位（東西南北），或是其他抽象概念，像是地圖上的比例尺與針對細節程度的評估（區分必要與附加的細節）。

在大多數的情況下，地圖包括書寫語言。圍繞著地圖在相關情境的對話，可以解決問題或是進行更有效的互動，這些互動可能是逐漸介紹書面字詞的舞台，逐漸與書面字詞無縫接軌。因此，當論及鄰近的地圖時，街道名稱可被提及，房子出現在地圖上的孩子名字也可被提及，知名的標的建築也將被提及。當論及國家的地圖時，各個不同城市的名稱會被提及，孩童曾經拜訪過或預計拜訪的地名會被提及，孩童親戚或朋友所居住的地方名稱也會被提及。地圖圖例提供符號與明確使用符號兩者連結的機會。如果字詞插入圖例，將有助於孩童對於非圖示符號的理解。

接著，我們介紹一個結合使用地圖與其他圖像文本的活動。

🌱 參觀動物園

　　這個活動是在 2002 年，於一所其中孩童大多來自低社經地位家庭的幼兒園舉行。參觀動物園提供孩童許多提升讀寫素養的機會。

　　一開始，教師告訴孩童有關預計的參訪。孩童很積極的在幼兒園的年行事曆上標記參訪的日期，並數著距離期待中的短程旅行還有多少日子。透過孩童的協助，教師在地圖上標示出動物園的位置，而地圖上早已標記了許多其他孩童與父母親已經造訪過的地方。

　　在教師的協助下，孩童查閱字典裡「動物園」這個字的意義之後，引發了與動物園有關的趣味討論。教師帶了一份動物園的傳單，以提供孩子更多與動物園有關的資訊。教師向孩童解釋這次的參觀時間限制在兩個小時內，所以孩子應該事先選擇遊園路線；先決定要花多一點時間在哪些動物籠舍。為了達成這個目標，孩童針對他們喜歡的動物進行了調查。這項調查由兩位孩童負責，其他的孩童雖然在前一次的經驗中已經熟悉這項調查工具，但還是全力配合。孩童的答案被記錄起來、進行統計，並在圖表上使用圖示做總結。當天調查的結果發現，兔子是最受歡迎的動物，因此這次參觀時會花多一點時間在兔子的籠舍。在大家共同檢視動物園的地圖後，參觀的路線決定了。孩子們要花多一點時間停留在兔子住的籠舍，以藍色標籤標記出來。在這個活動後，孩童也決定當走散時，大家要走回兔子的籠舍碰面。教師接著敘述，「每年遠足的當天早上，我會告訴孩子們在這樣的地方該如何表現？哪些行為是可以接受的。在這樣的場合，產生很多意見交換的機會，一群孩子建議了行為規則（社交技能），像是『不要把手指頭伸到籠子裡』、『禁止餵食動物』之類的。」這群孩童與教師決定要與其他同學分享這些規則。為了達成此目的，教師建議孩童以不同的簡便形式列出（書寫能力）這些規則（圖示在以簡潔的方式表達行為規則時，有著主要的功能；由於圖示的意義不一定是一目了然的，因此應該被強調，並且在適當的時機重新「閱讀」一次）。

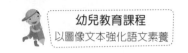
在這段時間，有許多以動物為主題，特別是與動物園有關的問題會產生。在從不同的來源取得資訊之後，如果還是有些問題無法回答，那就條列出來，留待到動物園參觀時，詢問動物園的工作人員。

在活動結束後，可以留下動物園的傳單與地圖做為回顧，或是貼在公佈欄與家長分享之用；也可以將其放在參觀動物園的相簿裡，或是在年終慶祝活動展示時使用。

藉由地圖進行的活動

實習老師的活動

下列的活動旨在提高實習老師對於地圖做為空間表徵之獨特作用的覺知。某些活動需要實習老師針對地圖所提供的不同表徵方式進行選擇，同時也要引導他們思考選擇的原因。

比較地圖與照片

實習老師可以在網路上搜尋他們所選擇地方的影像（例如，一個購物區、某城市或某公園的歷史區域）。這樣的搜尋可能會得到地圖、空中照片或是兩者的結合。接著再考慮哪些影像最為妥適與符合需求。

地圖與語文敘述

在這個活動中，其中一位參與者舉起地圖，以語文的方式描述地圖上的某個地方，而地圖的背面則朝向班上的觀眾。聆聽的時候，實習老師嘗試畫出那個用語文描述的地方。完成後，他們將自己所繪製的圖與原始地圖相比，看與原地圖相近的程度。有什麼資訊是出現在地圖上，但卻未在語文描述時提到的呢？語文描述與地圖有什麼相似與相異之處？（有效用的比較，需要以某種形

式記錄其語文敘述）。

●● 比較不同的地圖

實習老師可能被要求盡可能帶多個不同種類的地圖到課堂上，像是礦物地圖、天氣地圖、生物多樣性地圖、語言地圖、人口地圖、貧困地圖、犯罪與恐怖事件地圖、健康地圖與旅遊地圖。不同種類地圖存在的目的為何？每種地圖所強調的是什麼？什麼資訊被隱藏起來了？地圖是以何種觀點來繪製？地圖僅由一種觀點繪製嗎？這種將地圖列入使用的練習值得推廣，因為這可以為實習老師的問題提供解答。

●● 了解比例尺

實習老師可以在網路上查看顯示所選擇之建築物位置的地圖（例如，實習老師的家或是大學），並且多次嘗試改變不同的比例尺。當比例尺改變時，哪些細節出現或哪些消失？何時要選擇放大比例尺？何時要縮小比例尺？

●● 認知地圖

實習老師畫出從家裡到最近的巴士站的路線圖，然後將他們所繪製的圖與網路上的地圖進行比較。本章節討論的哪些原則能夠解釋實習老師所繪製的地圖與網路上的地圖之間的差異？

●● 「尋寶」

在這個遊戲中，參與者會被引導從一個地點到下一個地點，直到找到「寶藏」為止。在每一個地點，參與者會找到一張地圖，顯示到達下一個地點的路徑。遊戲中，參與的實習老師藉由不同種類的地圖來找到寶藏。這些地圖包括平面圖、有插圖的地圖、不同比例尺的地圖等。而地圖中某一個點與點之間的區別由語文文本說明。因此，參與的實習老師有機會體驗不同型態地圖所帶來的優點與缺點。當地圖與使用者的觀點不同時，如何找到正確的路徑？哪個地

圖較為方便？是平面圖或是透視地圖？對於此遊戲任務，哪個比例尺是最適合的？與地圖相比較，參與者如何評估其語文描述？

●● 繪製一幅教室的地圖

實習老師可以繪製一幅教室的地圖，以便在進行不同事件時達成最大的空間效率：如慶祝會擺設茶點桌的方式、將房間安排成小組工作的形式、為考試安排空間、規劃活動的角落，以及展示藝術與手工藝品等等。實習老師會針對所要採取的觀點、比例尺與要表徵的要件之選擇進行處理。

在幼兒園進行的地圖活動

●● 與身體空間地圖相關的活動

第一個活動的目的在於幫助孩童在他們最熟悉的領域處理校準問題，也就是他們身體的空間。活動開始時，邀請其中一位孩童站起來（或躺在地板上），其他孩童畫出這名孩童身體的輪廓。為了要獲得具有不同視角地圖的經驗，建議從以下幾個角度來繪製：前視圖、輪廓圖、平面圖或後視圖。一旦繪製完成，孩童開始將不同的身體部位與圖上相對應的部位進行配對。要配對的部位由其中一名孩童藉由碰觸或是用手電筒照射的方式來選擇。其他的孩童則在地圖上標記所選擇的部位。這也可以用另一種方式完成：如先在地圖上選擇，然後孩童必須找到與地圖相對應的身體部位。此活動可以僅侷限於身體的某些部位，例如繪製手掌的地圖。手掌能夠讓孩童區分是左手還是右手，以及是手心或手背。在對身體地圖有了初步的體驗之後，便可以輪換，如此孩童才能體驗從不同的角度來看地圖。

建議研究：孩童可嘗試在他們的身體地圖上指出與身體相關的不同部位。不同角度看過去的地圖是否有差異？與表徵身體各個部位的地圖之間有何不同？孩子可眼見的身體地圖，與無法眼見只能依賴想像的器官地圖，之間的差別為何？孩子描繪自己身體的方式與描繪洋娃娃身體的方式有何不同？

🌱 利用身體周圍空間地圖可進行的活動

以下活動的目的是要讓孩童接觸一些無論是在閱讀地圖或是製作地圖時，經常運用的表徵原則。

●● 正面圖

可以利用幼兒園空間的正面圖來重新規劃遊戲器材的儲存空間，或是重新安排外套與背包吊掛的位置。這會讓孩子有機會表達他們所希望的布置想法。

●● 平面圖

桌子地圖

在這個遊戲中，每個小孩的位置都以顏色貼紙（**顏色區分**）或姓名標籤標記在以桌子為中心的地圖上，而且孩子們可依照標籤改變其位置。

布置桌子的指示說明

孩童可以學習如何依照地圖來布置桌子。在此之後，可以玩一個遊戲，在遊戲當中，孩童必須找出有哪些地方沒有依照地圖正確的布置。

辨別與繪製由不同觀點表徵項目的地圖草稿

此活動為辨認不同的地圖表徵做準備。首先，孩童可以由不同的觀點畫出他們所熟悉的物品，像是桌子、椅子、垃圾桶或是杯子，並且被要求辨認出繪畫當中的物品。隨後，孩童可以創造出自己的描繪地圖，並可以用他們所繪製的圖做成卡片來玩遊戲，像是「抽獎」、「記憶」遊戲等。

「尋寶」──使用幼兒園的地圖（小組活動）

小組中的一個孩子要先離開教室，其他的孩子們要藏一樣東西，並且在幼兒園的地圖上標記出東西的位置。離開教室的孩子回來，試圖藉由地圖的幫助，找出藏起來的物品。另一個方法則是由其中一個孩子在地圖上標記藏東西

的位置，其他的孩子必須依照標示的記號去藏東西。

　　遊戲的困難度可以逐漸提升，先從與尋找者觀點一致的地圖開始，接著可以旋轉地圖；標示在地圖上的明顯地標可以逐漸減少。明顯的地標是一個巨大與獨特的物體；不明顯的地標是小型的物品（像是桌子或椅子），其需要從幾的方向來考量，像是大小（一張黃色的小椅子與一張黃色的大椅子相比）、每件物品在空間中的相對位置，以及地圖的比例尺。例如，可以在沙坑的東北角落，距離右邊 1.5 公尺處埋入一項物品。

●● 房屋圖

　　建議研究：孩童可以繪製他們家的房屋圖。地圖是否如同繞著房子（路線）走的順序繪製？或像是俯視圖？當孩童在繪製房屋圖時，不在現場的人們是否能夠區分由上述這兩種不同觀點所繪製出地圖的差別？

　　接下來的三個活動目的在於鼓勵以孩童的角度，於有意義的情境下使用常見的地圖。

涉及航行空間的活動

●● 熟悉常見的地圖

　　在幼兒園展示三種型態的地圖可能對於支援各種活動非常有幫助：地球儀、國家地圖，以及幼兒園所在地的地區地圖。這些地圖可以幫助孩童豐富其對於鄰里間、國家或整個世界所發生事物的相關知識。以下是這類主題的一些例子：（1）當親戚來訪時，孩童可以找出他們來自哪裡，並強調他們出發地點與目的地之間的相對距離。哪一個地方比較近，是北京還是巴黎？法國與加拿大都是國外，這兩個國家距離很近嗎？進行有關地圖的研究，能夠幫孩童學習與了解一些地方。（2）如果孩童說他在里約熱內盧，人們可以從地圖上得知他距離海邊很近，必須橫越大陸旅行很遠才能抵達。關於孩童或是他們的

親戚如何旅行這般距離的問題，可以與時間概念連結。（3）當對於兒童有意義的事件發生於鄰近地區或是世界其他地方時，可以透過地圖或地球儀來展示給兒童看，以拓展他們的地理知識。例如，可以將北極熊的新聞與極地資訊、北極熊所在的位置、氣候與生活條件等相關資訊做連結。與世界相關的資訊也可以有情緒學習上的貢獻，例如當孩童聽到遙遠地方所發生的可怕事件，用一張地圖來解說，可以讓孩童比較平靜。（4）與孩子討論他們家庭所來自的國家，是一個很好的機會，可以讓孩子理解世界的不同地區如何透過家庭關係與友誼而互相連繫。

●● 拜訪朋友與使用街坊地圖

孩子們可以到彼此家裡做客。在做客之前可以先討論造訪日期，這些預先的事宜可以註記在年行事曆或週行事曆上。做為小主人的孩童，可以透過街坊地圖的支援來描述從幼兒園到他／她家的路線，展示出沿路會經過的地標照片，來幫助要到他／她家的孩子找到正確的路。照片可以放在街坊大地圖上，來標記地標的位置。

當孩童出發參觀同學的家時，老師可以帶著地圖一起去。這可以讓孩子依循路線，並且檢查沿路的景觀是否與地圖上的照片相符。

活動結束時，孩子會收到一本筆記本，一張列出所有同學名字、地址與電話號碼的清單，地圖，以及列出如何到達每個孩子家的說明，讓孩子帶回家。

圖 5.9 是一張幼兒園鄰近街坊地圖的照片，照片上標記的點代表他們到其中一位孩子家途中的停靠點。每個孩子在便條中畫下其中一個停靠點。標記每個停靠點的號碼，代表了描述這個點的筆記。

建議研究：在活動開始與結束時，以下列面向分析孩童描述回家路線的方式：文本長度、邏輯順序，以及指示方向時所使用之字詞。可以分析孩童到一位朋友家或是到幼兒園路線的語文描述；或是當這種描述是由地圖或是孩童所繪製的示意草圖來輔助時的狀態。可以針對不同年齡層的孩童與成人的描述方式做比較。

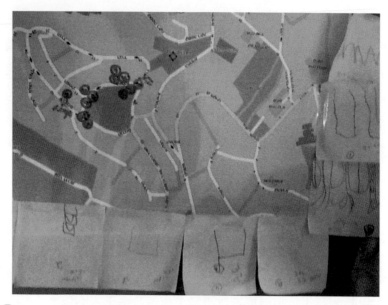

圖5.9　從幼兒園到其中一位孩童家的路線圖。將暫停休息點標示出來。
　　　　每個點由一個號碼代表，如便條上所描述

●● 用一張地圖導覽一個場所

　　本章包括了利用地圖與其他圖像文本來導覽動物園參訪的例子。類似的情
形也可以適用於其他場所。

　　建議研究：可比較孩童一開始自地圖上取得不熟悉地方的資訊，以及到最
後孩童所產出的訊息。

6 將行事曆做為發展時間概念的工具

　　本章建議將行事曆當成一種讓年幼孩童促進學習和提升時間觀念理解之心智延伸的工具。首先，處理時間觀念與行事曆的特性。接著，特殊的行事曆，如日曆、週曆、月曆、年曆，會在本章末尾一一呈現，同時也介紹與其相關的活動。

時間觀念

　　事件發生於每分每秒當中。時間對於我們理解世界與我們所身處之地的能力，扮演了一個明顯與重要的角色（Evans, 2003）。時間一詞，不代表一種概念，而是許多彼此不同的概念。Katherine Nelson 提出四種時間概念：自然時間、個人經驗時間、社會文化時間與科學時間（Nelson, 1996）。「自然時間」（nature time）是指我們透過自然過程與現象的重複發生所意識到的時間，像是晝夜、季節變化、月的陰晴圓缺、潮汐等（Levine, 1997）。「經驗時間」（experiential time）是取自於具體的事物，事件當中活動的順序及活動持續的時間長短，像是午餐時間、戶外活動時間、動物園參訪時間等。經驗時間的長短可能因人而異，當兩個人同時體驗相同的事件，不喜歡該事件的人可能覺得很漫長，但喜歡該事件的人可能覺得時間很短。經驗時間有時亦被稱為心理時間，因為它與一種人類對於逝去時間的主觀感受有關。

對於個人而言，時間可以加速或是減慢，然而，對於科學來說，時間一直都是維持不變的（Bergson, 1946; Levine, 1997; Devlin, 1999）。「社會文化時間」（sociocultural time）是指每個文化所認知的時間。文化的概念是受到自然與經驗時間的影響，但不受其支配。一個農業社會依照自然時間組織其活動，但因地而異，鄰近的不同農業社會並不一定會有相同的行事曆（Rogoff, 2003）。時間分割為年和月，是受到地球繞著太陽與月球繞著地球的循環公轉影響，但卻不全然因之而決定。時間從月切割為星期、天、小時與分鐘，是反覆變化且與文化相關的。在法國革命和共產主義革命時期，行事曆被調整為標記所發生的社會變化，即那些打碎先前普遍規範的改變（Levine, 1997）。在某個特定文化成長的人們會發現，很難理解他們所習以為常的行事曆並不代表時間的自然分割，而是一種文化分割。不同文化族群並存於一個多元社會，可提供人們同步體驗這些族群對於時間的不同觀點的機會。例如農曆與陽曆的月份、新的一年開始於不同的日期，以及有不同的系統來計算一年。在印度、中國和以色列這些國家，生活是依照至少兩種以上不同的時間系統來運行。兩種曆法系統的相似與相異處，便是討論「時間是與文化相關」這種概念很好的起始點。我們認為這樣的討論能夠強化參與者的後設認知技能。除了一般慣用的時間單位，特定的社會文化情境會引發使用非慣用的時間單位，例如一節課的時間（課時）。「科學時間」（scientific time）包括物理時間與數學時間。物理時間是指時間是一種發生在世界上的物理現象，而數學時間則是透過儀器測量的時間，其精準度日漸提升（Delvine, 1999）。

本章也探討其他型態的時間觀念：「時鐘時間」（clock time）（Levine, 1997），亦即透過外部儀器以公開方式測量（可重複測試），並且是全球一致的。時鐘時間能夠在全球互動中讓國際間獲得協調：日期與時間是以經度相對於本初子午線（Prime Meridian）的位置而定。

依據 McGrath 與 Kelly（1986），西方社會認為時間是抽象、線性、延續、可切割、同質與不可逆的。但也有其他的觀念被提出，有些是相互矛盾的，如週期性的時間、經驗時間、時間／空間曲線、文學與電影的時間，這些

時間有可能彼此穿越（time leaps）（Russell, 2001）。

正如同時間在不同文化為符合各自的需求與生活型態，可發展出不同的時間觀念（Rogoff, 2003），孩童在不同的社會文化情境會發展出不同的時間概念。以下，我們嘗試解釋不同的時間概念與局部的時間概念，如何在不同活動情境中的孩童之間發展出來，以及不同的行事曆如何應用在協調經驗時間、自然時間與文化時間上。

在很大的程度上，以下內容中有關我們文獻調查的研究結果反映了發展心理學的某種趨勢。也就是說，發展是由無法改變的結構／生理限制所掌握；在孩童成熟之前，他們無法獲得不同的時間觀念。

相較之下，從我們所採取的情境認知的觀點來看，時間概念的發展很大部分（儘管不是全部）與文化產物互動有關。與文化產物互動導致不同的概念化選擇，也能夠強化個人的認知能力。行事曆是這類文化工具的極佳例子。

孩童時間觀念的發展

孩童的時間觀念發展奠基於不同的過程：記住活動與事件的順序、對於過去的事件或未來的規劃有清楚的觀念、將事件置於包含發生時間資訊的情境中（例如，這發生在早上，這發生在夏天）、記得用來測量時間的語言系列，如一週當中的天與一年當中的月份（Friedman, 2005）。

各種事件的順序是孩童發展時間的經驗觀念的基礎。從嬰孩時期便已存在的古典制約，即是以知覺到兩事件的固定順序，或者兩者之間僅存的短暫時間為根基。這兩種刺激，一是制約刺激，另一是非制約刺激，引發了反應。一旦制約達成，制約刺激的出現便足夠引起反應。例如，被拍攝的嬰兒對於相機的閃光燈會有眨眼睛的反應，這反應是為了保護視網膜。在很短的時間內，僅只是出現相機，即會成為引發眨眼動作的制約刺激。從三個月大起，在固定的結構下，孩童便能回憶起一再發生的類似事件。如此的記憶發展成為「腳本」，

每個記憶都是源自於具體事件抽離出來的普遍模式。比如說，洗澡的腳本包括進入浴室、在浴缸注滿水、在水中加入入浴劑並放進洗澡時的玩具、脫衣服、踏進浴缸、洗頭、沖水、擦乾身體、穿上衣服。回憶此腳本時，孩童需要能夠對於當時發生的具體順序有清楚的辨識能力。在每個順序階段，應該能分辨事件的發生與結束（即使沒有看得見的結果），以及預期的事件。

一旦腳本成型，它們便可構成支援「即將到來的未來」（immediate future）的討論架構（例如，我們吃完之後接著要做什麼呢？）。腳本讓學齡前孩童與照顧他們的人員能夠避開對於此時此刻的考量，而談論有關過去的記憶與未來的計畫。

因為那些由每天一再重複發生的例行事務所形成的許多不同的腳本，在西方文化成長的孩童第一個發展出來的觀念是「天」（day）。每日例行活動像是固定的錨，使自然的與文化的時間概念被連結起來，像是早上（自然時間）八點（時鐘時間）孩童必須到達學校。非例行性的經驗透過腳本被放在時間內，構成了日常生活的一部分，例如，訪客在我們從幼兒園回來並吃了午餐之後抵達。[1]

隨著時間的推移，孩童變得能夠掌握那些較少發生的事情（例如：生日）。他們對於星期的概念是因一星期當中某些天重複發生某些事件而建構起來。每星期的休假日是最好的例子，因為它與一個星期中的其他天都不同。在一星期當中，某些天發生的活動與課程，幫助孩童區分各自發生的日子與其他日子間的不同（Koriat & Fischhoff, 1974）。

自傳式記憶（autobiographic memory）是一種個人對於自己的知覺，而這種知覺是理解自己即使在觀點不斷變動的狀況下，仍然持續存在（McCormack & Hoerl, 1999）。孩童與父母親談論過去的事件，在孩童**自傳式記憶**上扮演很重要的角色；包括孩童發現對相同事件會有不同觀點的想法，而這些不同觀點

1　Friedman（1990）發現，從四歲到本例中的六歲，孩童成功的運用照片以適當的時間順序來描述各種不同的日常活動。

也都是他們自己的。舉例來說，同樣的去遊樂園玩這件事情，在過去會被孩童認為是即將發生的事件，並且讓孩童前一晚興奮的睡不著覺；而正在遊樂園玩的當時則被當成現在的事件；與父母討論時，則當成過去的事件。談論記憶中的事件能夠鼓勵孩童從不同的觀點來檢視事件，從而使其從他們的觀點中脫離出來，並將不同的事件結合到**一個系統**中（Haden, Haine, & Fivush, 1997; McCormack & Hoerl, 1999; Sutton, 2002）。

孩童與成年人都一樣，對於時間段落的知覺是以對於過去事件的記憶為依據。對於從那些事件發生至今的**時間段落的估計**，是透過對於那些經驗鮮明的記憶而完成。記憶的鮮明感隨著時間而減低，到了某個階段便不會再改變。因此，事件越接近現在，對於時間段落的估計也就越準確（Friedman, 2005）。

和過去不同，未來並未出現在孩童的記憶中。Friedman（2005）發現五歲的孩童能夠區分「立即的未來」與距離遙遠或模糊的未來。Friedman 也注意到，同樣在五歲的時候，孩童的鮮明記憶感，與區分最近剛發生的事件與不久將發生的事件之能力，是相牴觸的。舉例來說，孩童持續提及已發生過的重要事件，像是慶生會，就好像很快就要舉行似的。造成孩童困惑的來源可能來自於孩童無法區隔對於事件的記憶以及籌備該事件的記憶，或是與事件本身之記憶的強度（Friedman, 2005）。

辨別**事件在時間上的位置**是一種因年齡與文化不同而會有極大差異的能力。Friedman（1987）訪談美國大學雇員有關九個月前發生的地震，發現受訪者回憶起地震發生的確切時間只有一個小時的差異，但對於地震發生的日期卻有平均兩個月的誤差。Friedman 宣稱，成人與孩童都會依據經驗記住事件發生的**場景**。在四歲或五歲時，孩童成功的提供對於暑假與一年當中不同節日的記憶（由成人證實），但卻無法連結各個事件。不同的經驗構成分割的時間島。將不同事件連結到一個系統，與察覺它們在**慣用時間單位**之間間隔的能力，在十歲左右才發展出來。為了這個目的，主觀記憶鮮明的感覺與理解事件間的順序是不足夠的。文化時間的建構是需要技巧的，這些技巧也要學習與練習。通常孩童在他們學習月份的順序之前，會藉由數星期的天數來找出事件的

時間點，並衡量時間的間隔。首先，他們會從現在的月份開始，**按順序的連續計算**，利用月份的順序去估計時間間隔。只有到了十歲大時，他們才能從不同角度**彈性的**估計時間間隔，例如「我們慶祝的耶誕節，是在復活節的幾個月之前？」（Friedman, 2003）。一般而言，孩童與成人並沒有利用日期來回憶發生的事件，而是利用與事件相關範圍更廣的主題來回想（「當我唸高中時」、「在我們的第一棟房子」，類似這樣的主題）。但成人能夠回憶起他們所熟記的有限數量的日期（Friedman, 2004）。所以，即使在發展過程的末端，也不見得能將一個寬廣與連貫的時間系統歸屬於成年人，是因為時間概念的發展是由許多不同表徵與過程所拼湊出來的結果。

孩童語言中用來表示時間的工具

　　語言使得與概念有關的協商變得可能，而其中概念所指涉的對象並未出現。如同「時間」是一種抽象的概念，沒有任何具體所指的對象，因此談論時間的機會便很重要了。與孩童經驗（積極與消極）有關的語文對話，即時提供了組織指涉對象之工具，包括順序、持續時間、頻率以及它們與現在的關係。更甚者，這樣的對話讓孩童能夠獲取抽象的文化時間概念，而這種文化時間的概念是不能僅靠事件的經驗來取得的（Nelson, 1996）。

　　語言提供了文法的、實用的與詞彙的標記時間之工具。文法的時態能夠標記不同事件發生的時間。孩童在兩歲左右出現此一能力；到了三歲左右，可以分辨出整體運用話語的順序，用時態來表現說話者的參考點，以及所描述事件發生相對於參考點的時間點。試想「我正在睡覺，媽咪走進來」：這段話不是在描述這句話說出來的時間，而是指過去，當時說話者正在睡覺（參考時間）。在描述中，睡覺是第一項事件，而第二項事件是「媽咪走進來」，這事件是發生在小孩睡著之後，比參考點發生的時間晚，但比說話時間早。如此，年紀很小的孩子很有效率的使用語言工具去描述複雜的時間關係（Nelson, 1996）。然而，McCormack 與 Hoerl（1999）宣稱，孩童只能從一個觀點進行到另一個觀點，還無法同時連結不同的觀點，並將其置於同一個階層系統中。

代表時間的字詞是語言所提供的語彙工具，可促進時間概念化的過程。如同其他語言中的時間指涉用語（time signifiers），雖然對這些用詞的理解持續發展至小學時期，但孩童在兩歲之前便開始使用這樣的工具。

　　雖然使用先於理解，孩童使用字詞來代表時間出現的時間點與成人相同，都在同樣的語法情境下出現。在習得文法之前，孩童會以他們從成人那邊聽到的，以相同方式將時間的指涉用語與特定的活動相連結，但其中並沒有特殊含意，只是模仿而已。接著，在大約兩歲半時，孩童發展出辨別「現在」與表示其他「非現在」的詞語之能力。大約在三歲左右，也就是在發展出理解「明天」是代表未來時間的能力之前，孩童明白「昨天」這個詞是代表過去的時間（Harner, 1975）。孩童大概在四歲與五歲之間，能夠清楚理解「昨天」和「明天」這兩個詞的精準意義（Nelson, 1996）。

　　Tare 與 Shatz（2005）要求一群三至五歲的孩童估算他們日常生活中不同情況的時間長短。研究發現孩童使用的語句含有語言學上可接受但卻不實際的時間單位（例如，烘焙餅乾需要五個小時）。研究團隊宣稱，這樣的孩童學習了如何利用文字來代表時間，但事實上還未學會「時」、「分」與「秒」代表的特殊意義與之間的差別。Nelson（1996）發現，父母親會利用日常生活的事件來與小孩澄清指涉時間字詞的意義（例如，「當你明天起床，你要跟父親說『早安』」）。將指涉時間用詞植於日常生活事件中，給予它們最初的意義。對於學齡前孩童，時間單位可能被誤認為活動（例如，「還沒到下午，因為我們還沒睡午覺」）。接著，他們會區分時間指涉用詞與那些描述日常生活的字詞，而他們的時間字義會變得更為抽象，不會只侷限在特定的情境中（Vygotsky, 1986; Nelson, 1996）。

　　某些不能以活動幫助孩童理解的時間概念（例如「月」），以及協調不同時間系統間的關係（例如，如果我出生在星期六，為什麼我今年的生日是在星期四呢？），是教導孩童時間概念時最困難的認知挑戰。展現空間中不同事件的行事曆，是完整的與協調後的時間系統，可以提供孩童掌握並逐漸學習時間概念化的有效工具。

🌱 時間概念與空間概念的連結

要能夠掌握無法直接透過感官來習得的抽象概念，方法之一便是將這些抽象概念在某個領域中以隱喻的方式表徵，並讓個人有相當程度的體驗機會（Lakoff & Johnson, 1980），比如，「一個論述像是一棟建築物」是一種隱喻。而時間是由兩種西方文化普遍使用的隱喻而構成的抽象概念：（1）**時間移動**的隱喻（**time moving** metaphor），某人靜止的站立著，而時間像河流般流動與「穿越」。這些形容反映在英文上的隱喻包括「time flies」、「in the years to come / in the years gone by」、「our day will come」等。（2）**自我移動**的隱喻（**ego moving** metaphor），人們從過去向現今移動，描述像是「in a short while」、「we left the past behind」、「we are facing a brighter future」，諸如此類（Gentner, Imai, & Boroditzky, 2002）。這兩種隱喻是並存的，都將時間參照成在空間中的單一向度（unidimensional）。如長與短（一段很長的表演、一段很短的休息），近與遠（在最近的將來、在遙遠的過去），之前與之後（在你出生之前、在戰爭之後）（Gruber, 1965; Jackendoff, 1983）。

Clark（1973）認為，孩童的時間概念是隱喻式的建構在空間概念上，並且因此習得這些概念。[2] 的確，研究結果指出了習得時間概念與習得空間概念是不對稱的，因為時間概念是由空間運動所表徵，而反之並不是如此。

正如同動作與空間的概念能夠以語言的形式幫助時間概念的表徵，物理空間也可以用來做為表徵時間的一種方式。類比的時鐘、時間線與紙本行事曆都是做為文化工具的例子。

2　其他研究學者不同意（見 Gentner, 2001 的討論）。

行事曆對於認知延伸與時間概念化的貢獻

　　行事曆是一種在空間中繪製出時間的文化工具。行事曆藉由不同的空間單位來表徵不同的時間單位。行事曆的空間組織與補充性的符號系統（像是英文字母與數字）表徵了時間的順序。

　　行事曆要能夠幫助孩童將時間概念化，孩童必須先熟悉「遊戲規則」，例如在以下文本中使用圖像的、非口說語言的語法與語意：以空間單位表徵時間單位（例如在一個行事曆中標示出每個小時，或是在週曆標示出每一天）、行事曆閱讀的方向、表徵的時間軸（由上至下，由左至右，一頁接著一頁）。除了這些以外，各式各樣的語文和非語文的符號指出一天的哪個小時、一週的哪一天，以及／或日期與事件。

　　閱讀行事曆的一個重要部分，在於理解一個事件表徵與一個特定的空間單位之間的關聯，此空間單位是以事件發生的時間點加以標記。因此，一般行事曆的使用扮演了重要角色，在於打破了真實狀況的「連續出現」，而成為定義之時間單位的連續。舉例來說，圖 6.1 為一位五歲孩童的行事曆。孩童在行事曆上標記他一週的行程：「數學遊戲」與「拜訪朋友」。標記的結果是這位孩童可能發現兩件事情都被記在同一天（被標記在同一欄），兩件事情都發生在星期天（星期幾的名稱是以希伯來文撰寫在最右邊上方的欄位），而拜訪是在中午過後。這是一個「主動認知」（enacted cognition）的例子，憑藉此主動行動便可達成概念化的過程（Ward & Stapleton, 2012）。

　　圖 6.2 是一位在印度班加羅爾的五歲孩童 Rajan 所製作的週曆。注意分屬兩個不同文化的孩童所製作週曆的相似與相異之處。每一個欄位都代表一天，週曆中間的水平線代表中午（線的上方是上午，線的下方是下午）。一週當中每一天的順序是從左至右，星期是由第一個英文字母大寫來代表。Rajan 所製作的週曆中，藉由在適當的格子內畫出寺廟，來代表他是在週日早晨去寺廟。

圖 6.1　一位在耶路撒冷幼兒園的五歲孩童所製作的週曆。每一欄都代表一天。週曆
　　　　中間一條水平的線代表中午（中線以上是上午，中線以下是下午）

圖 6.2　Rajan 的週曆

　　對孩童而言，從依照主觀經驗而定的時間概念，轉變成「可測量的時間」概念的發展過程中，行事曆扮演一個重要的角色（Friedman, 2003; Nelson, 1996）。借助行事曆的幫忙，孩童可以計畫未來，也可以扼要重述過去的事件（Clark, 1997）。孩童可以表達對於未來的願望和憂慮，但如果沒有行事曆的具體協助，他們未來在時間概念化上會有很大的困難，概念化的速度也會變慢。孩童對於未來的認知會保留成為他們「持續存在」經驗的一部分。行事曆能夠依據過去事件的標準，來監控現在與未來之間的事件關係，預估各事件的

時間長短。例如，如果預期三個星期之後會發生一件事，該事件的時間長短可以透過回憶三個星期之前發生的事件時間長短來預估。行事曆上每個相等的實際距離，如（1）從現在到可預期的未來事件，（2）從過去到現在的事件，都強調了兩個時間段落的相似之處。即使未來的時間段落尚未經歷，但未來事件都能夠因而成型並且區分彼此的不同。因此，行事曆是一種監控的工具：人們可以利用行事曆記下某天所有必須要完成的工作，並且管控每個計畫的活動有好好執行。未來發生的活動可以有效的組織起來，也可以為即將到來的事件做準備，並和較晚才會發生的事件做區分。行事曆這種工具也能夠用來進行溝通，它讓人得以辨認預期中的事件與其順序，並且與他人分享。如果將行事曆與其他圖畫方法結合，例如繪圖與照片，能夠建構起對過去事件的記憶，並與其他人分享（Clark, 1997; Donald, 1991）。

　　老師在搭建孩童使用行事曆的鷹架上，扮演重要的角色。讓行事曆成為適合孩童使用之工具的最佳狀況，便是行事曆能夠讓孩童抓到事件的順序、時間上的相關位置、時間長短等，否則便無法達到最佳效果。透過使用行事曆來增強時間的概念化，能夠讓孩童更有能力達成目標。老師介入的品質對於實現使用行事曆的潛在優點而言，是很重要的。

　　在行事曆的輔助之下，幼兒園老師的功能是支援活動的規劃與管控。行事曆上的圖像文本可以幫助孩童參與擷取每個活動意義的總結性討論。行事曆可以提供機會，讓孩童同時看到多個單一活動，有助於孩童將多個活動整合為一個有意義的複雜整體（a whole significant complex unit），讓孩童體會到這個複雜的整體中，各活動間形成了一個連結性結構（a cohesive structure）。例如，如果孩童在幼兒園搭建了一座菜園，犁田、種植、澆水、施肥等等不同的活動，都是分別發生。在每個階段的過程中，最後的結論與中間可能有的語文互動，都會連結到一個複雜的有意義單位，且這個意義單位會與每個孩子相關。這讓孩童可以複習所學習到的內容，強化概念的習得，並同步增進後設認知規劃、監控與反思的能力，對話技巧，以及時間概念。

　　老師可以利用的行事曆主要有四種：日曆、週曆、月曆與年曆。每一種行

事曆都有各自的功能與典型的用法。以下我們考量那些功能,並建議可從中獲得最大益處的活動。我們認為同時使用各種不同的行事曆,可以讓孩童知覺到所表徵的時間單位之間的關係;就像是日可以安排於星期、月與年的結構中。每個月的第一天特別適合這樣的活動。孩童有機會透過不同象徵的方法,處理相同的抽象概念,以 Karmiloff-Smith(1992)的術語來說即為「表徵重述」(representational redescription),可以完全的強化孩童概念化的過程。

日曆

通常來說,幼兒園老師會以一天活動計畫為表徵,啟動晨光時間。在某些幼兒園,這些介紹是藉由使用日曆來支援,而這日曆就是依順序排列活動的圖像文本。每個活動通常會有示意的圖示表徵,可以被貼在固定的矩陣圖形上,也可從矩陣上移除。同時,當口頭介紹一連串規劃好的活動順序時,代表該活動的圖像文本會被貼上。圖像文本出現的順序並不是沒有彈性的,孩童可以選擇自己的活動,在整天的日曆上或是預先決定的時段裡貼上自己的活動。隨著一天時間的移動,孩童可以更新自己的日曆,移除取消之活動的圖像文本,並放上替代活動的圖像文本。日曆可以在活動開始與活動結束時,與時鐘一起並用。這些情形發生時,許多不同的時間概念(在……之間、之前、之後、開始時、結束時)都可以在相關與具體的情境中介紹給孩童。在一天結束之前可以重新討論每日活動與事件的順序,這是一個回憶與評估完成原先計畫表的好機會。日曆同時可以被用來做為與家長溝通的一種方式,因為家長可以從日曆中知道學校一天的活動並與孩童討論。日曆可以幫助孩童將日常例行性活動概念化,有助於孩童克服與父母的分離焦慮。當孩童意識到事件順序的規律,就能免於不確定的恐懼感,並期待放學時父母來接他們。每件已達成的活動都代表著一項孩童渴望發生之事件的到來。

週行事曆

週行事曆對於每週重複發生的事件提供特別適當的表徵,像是休息日、體

育與音樂課、受歡迎的電視節目等。在週行事曆上活動的表徵，例如在一個週曆上，留出適當表徵每天的位置，可能會強化孩童理解星期是一種重複發生、且由七天組成的時間單位。Teubal（2000）發現在一個由 68 位來自以色列低社經地位家庭孩童組成的樣本中，大約三分之二的幼兒園孩童與三分之一的托兒所孩童，能夠「讀」週行事曆並且在上面標註事件。

　　週行事曆對於孩童獨立記錄與自己有關的事件與活動特別有用，無論這些活動是發生在幼兒園內或幼兒園外。圖 6.1 與圖 6.2 便是兩位五歲孩童為了與參觀幼兒園的訪客溝通，而獨立製作出的週行事曆的範本。這顯示了孩童會選擇適當的工具以達成他們的目標。當孩童離開學校休假一些時日，像是耶誕節或是復活節假期時，週行事曆便可用於記錄這段休假期間發生的特殊事件。這些行事曆可以用在不同的時間點：（1）假期之前，孩童可以表達他們的願望並規劃假期活動；（2）假期期間，孩童可以記錄特別的事件；（3）假期之後，要回到學校時，孩童可以「閱讀」他們的行事曆。因此，簡要重述過去的事件時，行事曆可以支援記憶，強化溝通的能力。時常運用此方法的老師都指出，與沒有閱讀行事曆相比，有閱讀行事曆孩童的對話較為連貫（coherent）、豐富與有連結力（cohesive）。

　　圖 6.3 是一名五歲男孩 Nadav，自主在他的週行事曆描述一系列事件的例子，在行事曆上他即興記錄特別喜歡的一項活動。雖然他尚未精通行事曆上慣用的標記工具，但可注意到他是用個人獨特的方法來完成此事。這本叢林書是 Nadav 忙了一整個星期的作業。Mowgli 是叢林書的主角，畫在書的中間。星期的每一天以圖示依序排列於 Mowgli 的下方。每個圖示以不同數量的氣球代表星期的順序，例如一顆氣球代表星期天，兩顆氣球代表星期一，以此類推。[3] 每天的圖示代表該天的主要活動。一旦行事曆的其他部分已經完成後，上方的長方形便被加入。左上方角落中，每個圖示的三角形代表是附加的活

3　希伯來語星期的名稱是由它們在時間順序的位置來排列，因此，星期天稱為第一天，星期一稱為第二天，以此類推。第七天，也就是以色列的休息日，為安息日，也就是唯一一天有名稱且不是以數字順序來命名的。

動。很有趣的是安息日那天的圖示，在左下方的方形框框裡面是一個用來代表
不存在的×符號。

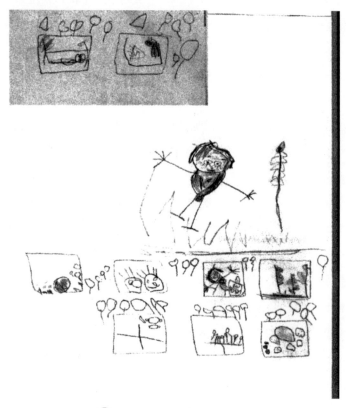

圖6.3　Nadav 的週行事曆

🌱 月行事曆

　　月行事曆非常適合用於規劃中程計畫，或是分配非例行事務的活動時間，
例如短程旅遊、慶祝會與特殊訪客來訪。它同時也是一種方便記錄突如其來的
事件，與記錄孩童有興趣事物持續進展的工具，例如記錄月亮週期、小雞與植
物的成長、慶祝活動的預備、在庭院蓋泥造房子等。圖 6.4 是一個主要用於記
錄天氣狀況之月行事曆的例子。

圖 6.4 幼兒園月行事曆的例子

年行事曆

　　年行事曆是在一張紙上呈現出一整年，這樣可以對整年的狀況一目了然：將一年劃分為月份與星期、年度重要活動（像是慶祝活動與假期）、活動及活動與活動之間的時間長短等。孩童在幼兒園經常接觸行事曆，目的是追蹤那些吸引孩童注意的活動與事件間的順序，無論這些活動和事件是孩童自己的或是發生在其他國家的。四季變化的跡象便是很好的例子（光禿禿的樹木、花朵盛開、火山爆發、太空船發射等）。這可在重新審視在不同機會下記錄的事件時做為支援。在這些對話的場合，協助孩童檢視過去記錄下的事件，有助於強化其自傳式記憶，並協助孩童將各個獨立的經驗組織成為一個整合且可理解的時間系統。在年行事曆上重複定位每個事件時需要不斷的更新，尤其是重新以

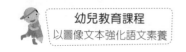

不同的時間角度看同樣的事情時，像是做計畫（望向未來）與記憶（回顧過去）。這種重複更新與觀點的轉變，會培養孩童分辨過去、現在與未來的能力，同時也強化了具體時間概念的運用，像是上個月／下個月。

老師最需要記得的是，**運用行事曆最佳的狀況是在有意義的情境下使用**（用來達成孩童的目標），**而不是以授課的方式教學生使用。**行事曆對於孩童來說應該是一種有用的工具，而不是研讀的主題。要實現這個原則，大部分須倚賴大人的介入，而這種介入在孩童參與的過程中是很謹慎的，且須隨時修正。這樣的介入能夠讓孩童如同下面的例子一樣，逐漸獨立的使用行事曆（見圖6.5）。

圖6.5　幼兒園孩童記錄當天的特別活動：果醬製作

●● 熟悉年行事曆及其功能

開學的第一天，大部分孩童都是第一次見到同學。當天的課程可以讓孩童熟悉年行事曆，可以將開學的日子標記在行事曆上適當的位置。行事曆能夠

有助於彼此熟悉：老師可以在孩童抵達前，在行事曆上先標示好孩童的生日。這可以透過貼一張類似每個孩童在開始上學時都會收到寫著名字還有個小圖案（花朵、球）的小卡片來完成。[4] 老師邀請孩童在行事曆上生日那天找出他們的名字或是圖案，這無疑能夠鼓勵孩子！接著，老師會要求孩童找出在行事曆上距離他們最近的鄰居。此時，老師會告訴孩童們「近」的意義，也就是同個月份、前面的月份或是後面的月份。很多孩童可能在此狀況下，才會意識到有不同的月份、月份的名稱以及月份的順序。很明顯的，這是對於時間概念的初次接觸，接下來他們便能逐漸運用時間概念。在此長時間的過程中，孩童會接觸到其他有意義的事件，像是把假期標記在行事曆上。

每次在行事曆上標記一個事件，便提供了一次機會連結今天到那時候的距離，或者連結過去和現在發生之特別有意義的事件。行事曆必須每日更新，這是很重要的：通常，幼兒園的孩童會負責許多日常工作，標記當天（前一天或放假節日）是他們的日常工作之一。以小組方式引導所有有關行事曆的意見交換是很重要的，如此每位孩童才能有機會在小組當中表達意見與分享個人經驗。行事曆因而成為一種培養同儕互動的工具。

●● 年度規劃

年行事曆可以促進孩童積極參與規劃學校活動，例如，在一年當中選擇最適合的時間（週或月）進行特別的活動。除了季節的考量，行事曆也能協助孩童找出一年當中哪些時段是相對比較忙碌的。

4　絕佳的選擇是利用孩童的照片在行事曆上標示出他／她的生日。

透過行事曆進行的活動

實習老師的活動

第一個活動的目標是讓實習老師有機會對於大人使用行事曆進行反思：每一種行事曆的使用、行事曆使用量的個人差異，以及行事曆形式的偏好。

觀察社會中行事曆的使用

實習老師可以檢視他們因為不同目的而使用之不同行事曆：規劃行程、看醫生、購物或是生日等等。

建議研究：針對不同族群使用行事曆進行調查：女性、男性、青少年，不同職業、不同類型地區的居民（城市、近郊、小鎮或是鄉村）。對於學齡前孩童的教師進行訪談可能也會特別有趣。

下一個活動的目標是增加實習老師對於文化與歷史如何影響人們建構時間單位的覺知。

行事曆的文化差異

這項工作是要讓實習老師去尋找不同文化的行事曆，依據不同特徵比較行事曆，像是一年的開始是哪一天。透過適當檢驗行事曆與自然、農業、宗教、政治和歷史事件的關係，檢視行事曆在文化中扮演的角色，可能相當有趣。另一個值得關注的是節日，除了像上述的自然等關係檢驗之外，也可以比較節日的數量、分布，以及節日與其他文化相關因素的結合。

🌿 在幼兒園進行的行事曆活動

以下呈現，透過不同型態的行事曆、以不同方式幫助孩童建構不同面向的時間概念之實例。例子顯示當適當的運用行事曆時，它可以成為孩童與環境和自我之間相互協調的有效工具。

●● 事件順序的知覺與在年行事曆上的位置

為了與孩童更為熟悉而計畫進行一場談話的老師，可能會要求孩童帶一樣與他們過去相關並希望與大家分享的物品（例如：照片、紀念品、繪畫）。這個物品所扮演的角色，便是透過回憶過去發生的事件，來支援孩童的對話。在對話中，老師可以注意孩童是否依隨著事件發生的正確順序，以及孩童所使用的時間概念與其文法結構是否適當。當孩童無法確認事件在行事曆上的位置或是無法將事件排序，這時便需要老師的支援。為了重新讓孩童在行事曆上找到事件恰當的位置，老師可以藉由一些方法重新引導孩童，像是指出「回去／再往前一點點」。如此能夠引發孩童比手勢動作，讓大人可以透過語文中介──使用適當的時間詞彙時，用語文回應孩子的手勢。

●● 使用行事曆對於理解時間概念與產生時間概念的貢獻

這項活動可以在一項重要事件（比如一個重要的節慶）發生的前兩個星期到一個月之間來進行。實習老師可以與孩童討論這個事件：提及事件本身、在行事曆上找到事件的位置、進行標記、事件持續的時間長短、計算出對話當時與事件將發生時兩者之間以及相關事件的時間長度、考慮準備所需的時間，以及找出較方便的日期來慶祝。

一個類似的程序可以牽涉到與過去發生的事件有關的對談。

建議研究：比較孩童在前述兩項工作（比較與過去的事件相連結，以及與未來的事件相連結）的表現，應該會很有趣。

另一個選擇是比較上述活動在有與沒有使用行事曆支援下，兩種狀況的不

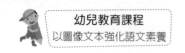
同。這樣的比較可以闡明行事曆對於事件記憶的貢獻。

　　介於孩童所關注的事件與對話當時之間的時間間隔，可以被當成是一個獨變項。表現結果之間的差異也可拿來互相比較。

7 後記：整合的文本

　　本書的目的在於展現出，對於現今文化社會的成員而言，非語文圖像文本已經成為一種「工具箱」中不可或缺的工具之一。在整本書中，我們試圖呈現認知、情緒與社會的優點，這些優點是可以透過有意圖的使用這些非語文圖像文本來達成的。我們說明了利用不同的文本如何豐富口說語言，如何形成書寫語言，並發展記憶、思考過程以及學習能力。當做為一種溝通工具時，非語文圖像文本，無論單獨或與書面語言結合，都能促進幼兒園的老師、學生與家長之間的溝通。本書所強調之非語文圖像文本的優點，對於有特殊教育需求、移民，或是未接受正式教育的族群，也是有幫助的。教育體系對於非語文圖像文本缺乏關注，是一種失察，未來註定會後悔。這種狀況應該被導正。

　　因為編排順序的理由，每個章節聚焦於一種圖像文本。我們檢視每一種圖像文本的特別之處，在每個章節呈現出與孩童知識發展相關的研究，並強調每種文本所代表的預設功能。文本在本書當中的出現順序，可能導致讀者產生錯誤觀念，認為孩童對於不同類型圖像文本的認識，也應該依照相同方式來區分。我們試圖達成下列目的：在一個文化社會中，不同型態的文本應該依照情境的需要（最重要的，例如接收者的特質）以及發送者的目的，來加以結合運用。當利用圖像文本來教導學齡前孩童時，也應該是如此。我們在本書最後的「附錄」部分，以此為例，將結合了繪圖、照片與圖示之地圖與月曆融入各種活動。

　　使用各種不同文本，可以讓幼兒園許多活動變得更有意義，並且使孩童的

學習更為強化。然而，重要的是，圖像文本的使用成為孩童在整個活動中的目標，每種文本有著各自獨特的預設功能。要記住的是，圖像文本本身不應該變成一個終結點，它是工具箱的一部分，服務整個文化社會的成員。將圖像文本做為一種達成各種不同目標之有效工具的體驗，會引發孩童的動機去習得這些工具並且使用它們。

附錄 利用週行事曆進行的活動

　　以下是一個針對本書所提到的，在活動中利用週行事曆來做為非語文圖像文本的詳細描述。與週行事曆的互動，讓孩童的學習變得比較輕鬆，並鼓勵孩童願意溝通。伴隨對談的自發特質，很大的程度起因於互動時不同方式之間的互相支援：手勢動作、口說或書寫語言，以及繪畫。孩童可以自由選擇以何種方式溝通。

　　此活動在若干幼兒園實施過。在某些幼兒園中，活動是針對孩童個別進行，而在其他的幼兒園中，活動則是以不超過五位小朋友為一組來進行。

▶▶ 活動描述

　　為了要與訪問者分享日常生活相關事宜，孩童被要求準備一份週行事曆。週行事曆是被設計來記錄日常例行生活中的各種事項（例如音樂課或是遠足），以及孩童的喜好、想要的或是不喜歡的活動（有些孩童會很積極抓住這樣的機會記錄這些項目），前一週所發生的特別大事（例如生日或是節慶），以及他們想要進行的活動。

　　在訪問開始時，訪問者告訴孩童她想多知道孩童在校內與校外的活動狀況。為了這個目的，孩童準備一個週行事曆，幫助他們與訪問者之間的溝通。透過行事曆，訪問者能夠得知孩童喜歡什麼、對什麼有興趣、擔心些什麼等。訪問者向孩童解釋行事曆必須列出一週的天數並且一一數過，以確保行事曆中每一天都有一個欄位。孩童與訪問者一同準備，每一天都分配到一個欄位。在行事曆上畫一條線，線的上方都有字母，每個字母代表該日的名稱。孩童可以選擇是否要自行添加字母，或是讓訪問者替他們寫上去（見圖 A.1）。

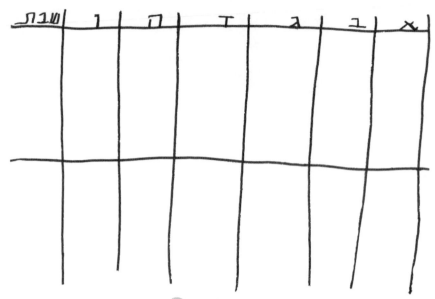

圖A.1 週行事曆

圖A.2 一個活動行事曆的例子

準備適當大小的空白貼紙，用來在行事曆上標記各項活動。孩童選擇他們想要標記在行事曆上的活動；每個活動先用語文描述，接著在貼紙上畫出或寫出這個活動。當完成時，便準備將貼紙貼到行事曆上。首先，先確認日期，接著將貼紙貼到正確的位置。行事曆的上半部代表上午，下半部代表下午與晚上。預備工作與貼貼紙這兩項活動可以分別進行，讓孩童獨立專注於每項活動，而不會為了要彼此配合而增加認知的負荷（見圖 A.2）。

　　接下來我們呈現活動所引發的各種不同主題。

▶▶ 對時間概念變得熟悉

　　以下的例子顯示一位五歲大孩童如何在不懂具體意義的狀況下，使用字詞來表達「昨天」、「明天」與「星期四」。

　　—〔訪問者，星期日[1]〕：今天星期幾？

　　—〔Oren〕：我不知道。

　　—〔訪問者〕：昨天是星期幾？你有到幼兒園來上學嗎？

　　—〔Oren〕：下星期四，我們去了科學博物館。

　　—〔訪問者指著行事曆上的星期日〕：今天是星期日，昨天是星期六。我
　　　們沒有到幼兒園上學。

　　—〔Oren〕：我們根本沒有來幼兒園。

　　—〔訪問者〕：那你昨天做了什麼事情呢？

　　—〔Oren〕：哪個昨天？我們在科學博物館的那個昨天嗎？

　　指著行事曆上標記的日期，能幫助孩童找到日期的順序，以及日期之間的關係。

1　在以色列，星期日是該週第一個工作天。

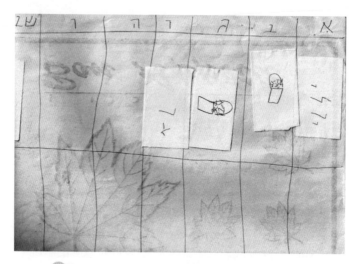

圖A.3　做為培養 Oren 時間概念工具的行事曆

下一個例子來自於同一位孩子，但時間在兩個星期後。他使用兩個星期前所畫的行事曆來描述該週不同的日常活動：

—〔Oren 指著星期日〕：星期日，Yuli[2]。

—〔Oren 指著星期一〕：Ohr 會來。

—〔Oren 指著星期二〕：Yuli 會來的那天。

—〔老師〕：那是該寫在這裡的嗎？

—〔Oren〕：不是。

—〔訪問者〕：所以，你會知道是因為行事曆，還是你記得？

—〔Oren〕：是因為行事曆。

—〔訪問者〕：你怎麼知道 Yuli 會來？

—〔Oren〕：因為字母 λ[3]？

—〔訪問者指著行事曆上的星期四，上面沒有貼紙〕：這是星期幾？

—〔Oren 指著日期連續數著，並且說〕：是星期四。Yuli 會來。

2　Yuli 與 Ohr 是幼兒園老師。

3　字母 Gimmel（λ）是希伯來文的第三個字母，通常用於代表星期二（一週的第三天）。

▶▶ 畫畫與口說語言的相互關係

　　當準備以貼紙呈現時，孩童能夠選擇在貼紙上要寫字還是畫畫。那些選擇寫字的孩子通常都會大聲說出他們想寫的字，例如「**運動**」，並且會寫出字母或很像字母的標記。這些孩子運用許多不同的策略，而這些策略透露出孩子掌握標記系統的程度。常見的表現特徵在於他們的**口語回答**都很簡潔，大部分是用一個字來命名該活動，並伴隨與他們努力創造書面文字有關的言論。選擇畫畫的情況則大為不同，畫畫促使孩童在勾畫時很仔細的描述活動。接下來例子的圖像（圖 A.4）是由一位幼兒園孩童所繪製，她口頭敘述了許多細節，描繪她星期六活動的情況。

　　……安息日。我會假裝我是在家時畫這張圖。一張沙發、我們的廚房在房子裡、所有的家人。我爸爸 Avi、我媽媽 Gal、小 Daniel 和我（也就是）Sigal……我不知道他年紀多大，他有捲髮。爸爸也是捲髮。我們安息日做些什麼呢？休息。現在我會畫腳，然後就完成了。

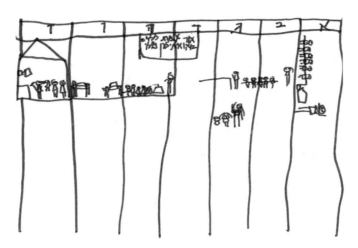

圖 A.4 Sigal 的週行事曆
注意圖片展現出全家人在安息日都在家（最左邊欄位）

與 Sigal 的訪談結束後，老師告訴訪問者這女孩正在接受語言治療師的協助，因為這女孩通常說得不多，這讓訪問者很訝異。這很明顯的是繪畫鼓勵口說語言的例子，然後口說語言又轉而加強了繪畫。

▶▶ 創造過程對於回憶表徵意義的影響

如同畫畫與圖示等章節所展現，圖片與圖示的意義並非「一目了然的」。因此，要多次提及選擇某種形狀來代表某些內容的理由，以防忘記，這是很重要的。例如，其中一名孩童在星期一畫了一台電腦，代表那天的電腦課。兩星期後，他以為那是畫了蓋房子活動的圖片，因為他誤認了自己所畫的作品。同一位孩子，在星期五畫了兩個長方形，並且在畫的時候，孩子說那長方形是安息日蠟燭。兩星期後，他以為那些長方形是代表游泳池（見圖 A.5）。

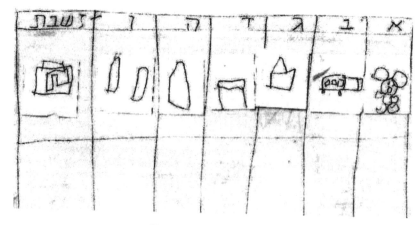

圖A.5　週行事曆的例子
在一段時間後，很常見的是繪圖者誤認了當初繪製的圖示與繪圖

此例子說明了個人與群體製作圖示的差異。當一個群體考慮替一個內容找到最適合的表徵圖示時，要說服不同孩子的意見，目的在於當考慮其他人的論點時，孩童能被引導創造出最好的論點以支援他們的建議。這牽涉到許多不

同的因素，包含圖示表徵欲呈現內容的恰當程度、接收者的需求〔心智理論（Theory of Mind）；Astington, 1993〕，以及產出的難易程度。

　　相反的，個人產出源自於單一的觀點，而這單一觀點並不需要詳盡的論點與表達。因此，基於共同合作而產出的群體圖示是較為精緻的，回憶起來也更為容易。

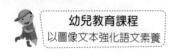

參考文獻

Acher, A., & Arca, M. (2009). Children's representations in modeling scientific knowledge construction. In C. Andersen, N. Scheuer, M. P. Pérez Echeverría, & E. V. Teubal (Eds.), *Representational systems and practices as learning tools* (ch. 7, pp. 109-131). Rotterdam: Sense Publishers.

Adi-Japha, E., Levin, I., & Solomon, S. (1998). Emergence of representation in drawing: The relationship between kinematic and referential aspects. *Cognitive Development, 13*(1), 25-51.

Allen, J. B., Fabregas, V., Hankins, K. H., Hull, G., Labbo, L., Lawson, H. S., Michalove, B., Piazza, S., Piha, C., Sprague, L., Townsend, S., & Urdanivia, C. (2002). PhOLKS lore: Learning from photographs, families, and children. *Language Arts, 79*(4), 312-322.

American Library Association. (January 10, 1989). Final report of the American Association Presidential Committee on Information Literacy. Chicago: ALA.

Anderson, J. M. (1996). What does that little black rectangle mean? Designing maps for the young elementary school child. In C. H. Wood & C. P. Keller (Eds.), *Cartographic design: The theoretical and practical perspectives* (pp. 103-124). Chichester: Wiley and Sons.

Aspillaga, M. (1996). Perceptual foundations in the design of visual displays. *Computers in Human Behavior, 12*(4), 587-600.

Astington, J. W. (1993). *The child's discovery of the mind.* Cambridge, MA: Harvard University Press.

Ayal, O. (1985). *One clear morning.* Tel-Aviv: Sifriyat Hapoalim [in Hebrew].

Barnbaum, B. (2010). *The art of photography: An approach to personal expression.* Santa Barbara, CA: Rocky Nook.

Barthes, R. (1981). *Camera lucida: Reflections on photography.* New York: Hill and Wang.

Beck, I. (1984). Developing comprehension: The impact of the directed reading lesson. In R. C. Anderson, J. Osborn, & R. J. Tierney (Eds.), *Learning to read in American schools: Basal readers and content texts* (pp. 3-20). Hillsdale, NJ: Erlbaum.

Beilin, H., & Pearlman, E. G. (1991). Children's iconic realism: Object versus property realism. In H. W. Reese (Ed.), *Advances in child development and behavior* (vol. 23, pp. 73-111). San Diego: Academic Press.

Bell, R., & Sinclair, M. (2005). *Pictures and words: New comic art and narrative illustration.* New Haven: Yale University Press.

Bergson, H. (1946). The creative mind: An introduction to metaphysics. (M. L. Andison, Trans.). New York: Philosophical Library. (Original work published 1903.)

Best, R. M., Dockrell, J. E., & Braisby, N. R. (2006). Real-world word learning: Exploring children's developing semantic representations of a science term. *British Journal of Developmental Psychology, 24*(2), 265-282.

Biro, D., Freeman, R., Meade, J., Roberts, S., & Guilford, T. (2007). Pigeons combine compass and landmark guidance in familiar route navigation. *Proceedings of the National Academy of Sciences of the United States of America, 104*(18), 7471-7476.

Blades, M., & Spencer, C. P. (1994). The development of children's ability to use spatial representations. *Advances in Child Development and Behavior, 25,* 157-197 .

Blank, M., Marquis, M. A., & Klimovitch, M. O. (1995). *Directing early discourse: Making the transition to school language.* Tucson, AZ: Communication Skill Builders/Therapy Skill Builders.

Bloom, P., & Markson, L. (1998). Intention and analogy in children's naming of pictorial representations. *Psychological Science, 9,* 200-204.

Blum-Kulka, S. (2004). The role of peer interaction in later pragmatic development: The case of speech representations. In R. Berman (Ed.), *Language development across childhood and adolescence: psycholinguistic and crosslinguistic perspectives* (pp. 191-211). Amsterdam: John Benjamins.

Blum-Kulka, S., & Hamo, M. (2011). Discourse pragmatics. In T. Van-Dijk (Ed.), *Discourse studies: A multidisciplinary introduction* (pp. 143-165). London: Sage.

Blum-Kulka, S., & Snow, C. (2004). The potential of peer talk. *Discourse Studies, 6*(3), 291-307.

Blum-Kulka, S., Huck-Taglicht, D., & Avni, H. (2004). The social and discursive spectrum of peer talk. *Discourse Studies, 6*(3), 307-328.

Borners, M. T. (1990). Problems brought about by "reading" a sequence of pictures. *Journal of Experimental Child Psychology, 49,* 189–226.

Bronfenbrenner, U. (1979). *The ecology of human development: Experiments by nature and design.* Cambridge, MA: Harvard University Press.

Brooks, M. (2003). Drawing to learn. *Beyond the Journal – Young Children on the Web*, September 2003, 16. http://www.naeyc.org/files/yc/file/200309/DrawingtoLearn.pdf

Brookshire, J., Scharf, L. F. V., & Moses, L. E. (2002). The influence of illustrations on children's book preferences and comprehension. *Reading Psychology, 23,* 323-339.

Browne, R. (2005). It's a snap! Selecting the right digital camera. *Childhood Education, 82*(2), 86-88.

Bruner, J. (1960). *The process of education.* Cambridge: Harvard University Press.

Bruner, J. (1978). The role of dialogue in language acquisition. In A. Sinclair, R. J. Jarvelle, & W. J. M. Levelt (Eds.), *The child's concept of language.* New York: Springer.

Bruner, J. (1986). *Actual minds, possible worlds.* Cambridge, MA: Harvard University Press.

Byrnes, J., & Wasik, B. A. (2009). Picture this: Using photography as a learning tool in early childhood classrooms. *Childhood Education, 85*(4), 243-248.

Callaghan, T. C. (1999). Early understanding and production of graphic symbols. *Child Development, 70,* 1314-1324.

Callaghan, T. C. (2005). Developing an intention to communicate through drawing. *Enfance, 57*(1), 45-56.

Carney, R. N., & Levin, J. R. (2002). Pictorial illustrations still improve students' learning from text. *Educational Psychology Review, 14*(1), 5-26.

Chandler, D. (2005). Semiotics for beginners. In J. Protevi (Ed.), *Edinburgh dictionary of continental philosophy.* Edinburgh: University of Edinburgh Press .

Chi, M. T .H., Feltovich, P. J., & Glaser, R. (1980). Categorization and representation of physics problems by experts and novices. *Cognitive Science, 5,* 121-152.

Choong, Y., & Salvendy, G. (1998). Design of icons for use by Chinese in mainland China. *Interacting with Computers, 9*(4), 417-430.

Clark, A. (1997). *Being there: Putting brain, body and world together again.* Cambridge, MA: MIT Press.

Clark, A. (1998). Magic words: How language augments human computation. In P. Carruthers & J. Boucher (Eds.), *Language and thought: Interdisciplinary themes* (pp. 162-183). Cambridge, UK: Cambridge University Press.

Clark, A., & Moss, P. (2001). *Listening to young children: The mosaic approach.* London: National Children's Bureau for the Joseph Rowntree Foundation.

Clark, A. (2005). Listening to and involving young children: A review of research and practice. *Early Child Development and Care, 175(6),* 489-505.

Clark, A. (2007). A hundred ways of listening: Gathering children's perspectives of their early childhood environment. *Young Children, 62(3),* 76-81.

Clark, H. (1973). Space, time, semantics and the child. In T. E. Moore (Ed.), *Cognitive development and the acquisition of language* (pp. 27–63). New York: Academic Press .

Clay, M. (2000). *Concepts about print: What have children learned about the way we print language?* Exeter, NH: Heinemann.

Cohen Kadosh, R., Henik, A., & Walsh, V. (2009). Synaesthesia: Learned or lost? *Developmental Science, 12*(3), 484-491.

参考文獻

Cope, B., & Kalantzis, M., (2000). *Literacy learning and the design of social futures.* London: Routledge.

Cox, M. (2005). *The pictorial world of the child.* Cambridge: Cambridge University Press.

Davies, C., & Uttal, D. H. (2007). Map use and the development of spatial cognitions. In J. M. Plumert & J. P. Spencer (Eds.), *The emerging spatial mind* (pp. 219-247). New York: Oxford University Press.

Davies, S., Haines, H., Norris, B., & Wilson, J. R. (1998). Safety pictograms: Are they getting the message across? *Applied Ergonomics, 29*(1), 15-23.

Dehaene, S., Izard, V., Pica, P., & Spelke, E. (2006). Core knowledge of geometry in an Amazonian indigene group. *Science, 311,* 381-384 .

DeLoache, J. S. (1995). Early understanding and use of symbols. *Current Directions in Psychological Science, 4,* 109-113.

DeLoache, J. S., (2004). Becoming symbol-minded. *Trends in Cognitive Sciences, 8,* 66-70.

DeLoache, J. S., & Burns, N. (1994). Early understanding of the representational function of pictures. *Cognition, 52,* 83-110.

DeLoache, J. S., Pierroutsakos, S. L., & Uttal, D. H. (2003). The origins of pictorial competence. *Current Directions in Psychological Science, 12*(4), 114-118.

DeLoache, J. S., Strauss, M. S., & Maynard, J. (1979). Picture perception in infancy. *Infant Behavior and Development, 2,* 77-89.

DeMarie, D. (2001). A trip to the zoo: Children's words and photographs. *Early Childhood Research & Practice, 3(1).* http://ecrp.uiuc.edu/v3n1/demarie.htm

DeMarie, D., & Ethridge, E. A. (2006). Children's images of preschool: The power of photography. *Young Children, 61*(1), 101-104.

Denham, S.A. (1986). Social cognition, prosocial behavior, and emotion in preschoolers: Contextual validation. *Child Development, 57,* 194-201.

Devlin, K. (1999) About time. http://www.maa.org/devlin/devlin_12_99.html

Dewey, J. (1902). *The child and the curriculum.* Chicago: University of Chicago Press.

Donald, M. (1991). *The origins of the modern mind.* Cambridge, MA: Harvard University Press.

Dormann, C. (1999). Self-explaining icons. http://www.intellectbooks.com/iconic/self/self.htm

Dowse, R., & Ehlers, M. (2001). The evaluation of pharmaceutical pictograms in a low-literate South African population. *Patient Education and Counseling, 45*(2), 87-99.

Driscoll, V., & Rudge, C. (2005). Channels for listening to young children and parents. In A. Clark, A.T. Kjarholt, & P. Moss (Eds.), *Beyond listening: Children's perspectives on early childhood services* (ch. 6, pp. 91-110). Bristol, UK: Policy Press.

Dunn, J., Brown, J., & Beardsall, L. (1991). Family talk about feeling states and children's later understanding of others' emotions. *Developmental Psychology, 27,* 448-455.

Ecuyer-Dab, I., & Robert, M. (2004). Spatial ability and home-range size: Examining the relationship in western men and women (Homo sapiens). *Journal of Comparative Psychology, 118*(2), 217-231.

Ehrlén, K. (2009). Drawings as representations of children's conceptions. *International Journal of Science Education, 31*(1), 41-57.

Einarsdottir, J. (2005). Playschool in pictures: Children's photographs as a research method. *Early Child Development and Care, 175*(6), 523-541.

Elster, C., & Simons, H. D. (1985). How important are illustrations in children's readers? *The Reading Teacher, 39*(2), 148-152.

Evans, V. (2003). *Language, meaning, and temporal cognition.* Amsterdam: John Benjamins Publishers.

Fang, Z. (1996). Illustrations, text, and the child reader. What are pictures in children's storybooks for? *Reading Horizons, 37,* 130-142.

Friedman, W. J. (1987). A follow-up to scale effects in memory for the time of events: The earthquake study. *Memory and Cognition, 15,* 518-520.

Friedman, W. J. (1990). Children's representations of the pattern of daily activities. *Child Development, 61,* 1399-1412.

Friedman, W. J. (2003). The development of children's understanding of the past and the future. In R. Kail (Ed.), *Advances in child development and behavior* (Vol. 31, pp. 229-269). San Diego: Academic Press.

Friedman, W. J. (2004). Time in autobiographical memory. *Social Cognition, 22*(5), 591-605.

Friedman, W. J. (2005). Developmental and cognitive perspectives on humans' sense of the times of past and future events. *Learning and Motivation, 36,* 145-158.

von Frisch, K. (1967). *The dance language and orientation of bees.* Cambridge, MA: Harvard University Press.

Ganea, P. A., Pickard, M. B., & DeLoache, J. S. (2008). Transfer between picture books and the real world by very young children. *Journal of Cognition and Development, 9*(1), 46-66.

Garner, P. W., Jones, D. C., Gaddy, G., & Rennie, K. M. (1997). Low-income mothers' conversations about emotions and their children's emotional competence. *Social Development, 6,* 37-52.

Gattis, M. (2001). Reading pictures: Constraints on mapping conceptual and spatial schemas. In M. Gattis (Ed.), *Spatial schemas in abstract thought* (ch. 9, pp. 223-245). Cambridge, MA: MIT Press.

Geary, D. C., & DeSoto, M. C. (2001). Sex differences in spatial abilities among adults from the United States and China: Implications for evolutionary theory. *Evolution and Cognition, 7*(2), 172-177.

Gentner, D. (2001). Spatial metaphors in temporal reasoning. In M. Gattis (Ed.), *Spatial schemas and abstract thought* (pp. 203-222). Cambridge, MA: MIT Press.

Gentner, D., Imai, M., & Boroditsky, L. (2002). As time goes by: Evidence for two systems in processing space-time metaphors. *Language and Cognitive Processes, 17*(5), 537-565.

Gibson, E. J. (1982). The concept of affordances in development: The renascence of functionalism. In W. A. Collins (Ed.), *Minnesota symposium on child psychology* (vol. 15, pp. 55-81). Hillsdale, NJ: Lawrence Erlbaum.

Glaser, M. (September 27, 2006). Your guide to citizen journalism. *Public Broadcasting Service.* http://www.pbs.org/mediashift/2006/09/your-guide-to-citizen-journalism270.html

Goldin-Meadow, S. (2003). *Hearing gesture: How our hands help us think.* Cambridge, MA: Harvard University Press.

Goldman, T. (2004). A tale of six balloons and hot Muk on a clear day. *Hed Hagan, 68*(2), 86-103 [in Hebrew].

Gombrich, E. H. (1975). Mirror and map: Theories of pictorial representation (Review Lecture). *Philosophical Transactions of the Royal Society of London, B. Biological Sciences, 270*(903), 119-149.

Good, L. (2005/2006). Snap it up: Using digital photography in early childhood. *Childhood Education, 82,* 79-85.

Good, L. (2009). *Teaching and learning with digital photography: Tips and tools for early childhood classrooms.* Thousand Oaks, CA: Corwin press.

Goodenough, F. L. (1926). *Measurement of intelligence by drawings.* New York: Harcourt Brace & World.

Goodman, N. (1976). *Languages of art: An approach to a theory of symbols* (2nd ed.). Indianapolis: Hackett.

Goodwin, C. (2000). Action and embodiment within situated human interaction. *Journal of Pragmatics, 32,* 1489-1522.

Green, J. A. L., & Goswami, U. (2008). Synesthesia and number cognition in children. *Cognition, 106,* 463-473 .

Gross, J., & Teubal, E. (2001). Microscope use in scientific problem solving by kindergarteners. Soil water seepage as an illustration. In *Proceedings of the 9th European Conference for Research and Learning (EARLI)*, Fribourg, Switzerland, 28 August-1 September.

Gruber, J. (1965). *Studies in lexical relations.* Cambridge, MA: MIT Press.

Gyselinck, V., & Tardieu, H. (1999). The role of illustrations in text comprehension: What, when, for whom, and why? In H. van Oostendorp, & S. R. Goldman (Eds.), *The construction of mental operations during reading* (pp. 195-218). Mahwah, NJ: Erlbaum.

Haden, C., Haine, R., & Fivush, R. (1997). Developing narrative structure in parent–child conversations about the past. *Developmental Psychology, 33,* 295–307.

Halliday, M. A. K. (1989). Context of situation. In M. A. K. Halliday, & R. Hasan (Eds.), *Language, context, and text: Aspects of language in a social-semiotic perspective* (ch. 1, pp. 3-14). Oxford: Oxford University Press.

Halliday, M. A. K. (1994). *An introduction to functional grammar*. London: Edward Arnold .

Harnad, S. (1990). The symbol grounding problem. *Physica D, 42*, 335-346.

Harner, L. (1975). Yesterday and tomorrow: Development of early understanding of the terms. *Developmental Psychology, 11*, 864-865.

Harp, S. F., & Mayer, R. E. (1998). How seductive details do their damage: A theory of cognitive interest in science learning. *Journal of Educational Psychology, 90*, 414-434.

Harris, D. B. (1963). *Children's drawings as measures of intellectual maturity: A revision and extension of the Goodenough Draw-a-Man test*. New York: Harcourt, Brace, Jovanovich.

Harris, R. (1986). *The origins of writing*. London: Duckworth.

Hayes, P., Silvester, J., & Hartmann, W. (1999). Photography, history and memory. In W. Hartmann, J. Silvester, & P. Hayes (Eds.), *The colonising camera: Photographs in the making of Namibian history* (pp. 2-9). Athens, OH: Ohio University Press .

Hoisington, C. (2002). Using photographs to support children's science inquiry. *Young Children, 57*, 26-30.

Huttenlocher, J., & Higgins, E. T. (1978). Issues in the study of symbolic development. In W. A. Collins, (Ed.), *The Minnesota Symposia on Child Psychology* (Vol. 11, pp. 98-140). Hillsdale, NJ: Erlbaum.

Ittelson, W. H. (1996). Visual perception of markings. *Psychonomic Bulletin & Review, 3*(2), 171-187.

Ivarsson, J., Schoultz, J., & Säljö, R. (2002). Map reading versus mind reading: Revisiting children's understanding of the shape of the earth. In M. Limon & L. Mason (Eds.), *Reconsidering conceptual change: Issues in theory and practice* (pp. 77-99). Dordrecht, the Netherlands: Kluwer Academic Publishers.

Iverson, J. M., & Goldin-Meadow, S. (1998). The nature and functions of gesture in children's communications. *The New Directions for Child Development series*, No. 79. San Francisco: Jossey-Bass.

Jackendoff, R. (1983). *Semantics and cognition*. Cambridge, MA: MIT Press.

Jacobson, K. L., Kripalani, S., Gazmararian, J. A., & McMorris, K. J. (2008). *How to create a pill card*. http://www.ahrq.gov/QUAL/pillcard/pillcard.pdf

Jeffries, S. (January 8, 2010). The rise of the camera-phone. *The Guardian*, comments & features, p. 4. http://www.guardian.co.uk/technology/2010/jan/08/stuart-jeffries-camera-phones

Jolley, R. (2009). *Children's understanding of the dual nature of pictures*. Hoboken, NJ: Wiley-Blackwell.

Jolley, R. (2010). *Children and pictures: Drawing and understanding* (ch. 5: Children's understanding of the dual nature of pictures, pp. 127-152). Hoboken, NJ: Wiley-Blackwell.

Karmiloff-Smith, A. (1992). *Beyond modularity: A developmental perspective on cognitive science*. Cambridge, MA: MIT Press.

Katz, M. G., Kripalani, S., & Weiss, B. D. (2006). Use of pictorial aids in medication instructions: A review of the literature. *American Journal of Health-System Pharmacy, 63*(23), 2391-2397.

Klein, E., Teubal, E., & Ninio, A. (2009). Young children's developing ability to produce notations in different domains: Drawing, writing and numerical. In C. Andersen, M. Pérez Echeverría, N. Scheuer, & E. Teubal (Eds.), *Representational systems and practices as learning tools in different fields of knowledge* (ch. 3, pp. 39-58). Rotterdam: Sense Publishers.

Klein, P. D. (2006). The challenges of scientific literacy: From the viewpoint of second generation cognitive science. *International Journal of Science Education, 28*(2-3), 143-178.

Koppitz, E. M. (1968). *Psychological evaluation of children's human figure drawings*. New York: Grune & Stratton.

Koriat, A., & Fischhoff, B. (1974). What day is today? An inquiry into the process of temporal orientation. *Memory and Cognition, 2*, 201-205.

Kortunov, D. (2008). *10 mistakes in icon design*. http://turbomilk.com/blog/cookbook/criticism/10_mistakes_in_icon_design (last updated: 12 February 2008).

Kress, G. R. (2003). *Literacy in the new media age*. New York: Routledge.

Kunnath, M. L. A., Cornell, R. A., Kysilka, M. K., & Witta, L. (2007). An experimental research study on the effect of pictorial icons on a user-learner's performance. *Computers in Human Behavior, 23*, 1454-1480.

LaBounty, J., Wellman, H. M., Olson, S., Lagattuta, K., & Liu, D. (2008). Mothers' and fathers' use of internal state talk with their young children. *Social Development, 17*(4), 757-775.

Lakoff, G., & Johnson, M. (1980). *Metaphors we live by*. Chicago, IL: University of Chicago Press.

Lee, K., & Karmiloff-Smith, A. (1996). Notational development: The use of symbols. In E. C. Carterette, & M. P. Friedman (Eds.), *Handbook of perception, Vol. 13: Perceptual and cognitive development* (R. Gelman, & T. Au, volume editors, pp. 185-211). New York: Academic Press.

Lemke, J. (1998). Multiplying meaning: Visual and verbal semiotics in scientific text. In J. R. Martin & R. Veel (Eds.), *Reading science* (pp. 87-113). London: Routledge .

Levine, R. V. (1997). *A geography of time*. New York: Basic Books.

Levine, S. C., Vasilyeva, M., Lourenco, S. F., Newcombe, N.S., & Huttenlocher J. (2005). Socioeconomic status modifies the sex difference in spatial skill. *Psychological Science, 16*(11), 841-845.

Levinson, S. C. (2003). *Space in language and cognition: Explorations in cognitive diversity*. Cambridge, UK: Cambridge University Press.

Liben, L. S. (1999). Developing an understanding of external spatial representations. In I. E. Sigel (Ed.), *Development of mental representation: Theories and applications* (pp. 297-321). Mahwah, NJ: Erlbaum.

Liben, L. S. (2003). Beyond point and shoot: Children's developing understanding of photographs as spatial and expressive representations. *Advances in child development and behavior, 31*, 1-42.

Liben, L. S. (2005). The role of action in understanding and using environmental place representations. In J. Reiser, J. Lockman, & C. Nelson (Eds.), *The Minnesota Symposium on Child Development* (vol. 33, pp. 323-361). Mahwah, NJ: Lawrence Erlbaum.

Liben, L. S., & Downs, R. M. (1989). Understanding maps as symbols: The development of map concepts in children. In H. W. Reese (Ed.), *Advances in child development and behavior* (vol. 22, pp. 145-201). San Diego, CA: Academic Press.

Liben, L. S., & Myers, L. J. (2007). Developmental changes in children's understanding of maps: What, when, and how? In J. M. Plumert, & J. P. Spencer (Eds.), *The emerging spatial mind* (pp. 193-218). New York: Oxford University Press.

Liben, L. S., & Yekel, C. A. (1996). Preschoolers' understanding of plan and oblique maps: The role of geometric and representational correspondence. *Child Development, 67*, 2780-2796.

Luquet, G. H. (1927/2001). *Children's drawings* [Le dessin enfantin] (Translated and with an introduction and notes by Alan Costall). London: Free Association Books.

MacDonald, M. C., Pearlmutter, N. J., & Seidenberg, M. S. (1994). Lexical nature of syntactic ambiguity resolution. *Psychological Review, 101*, 676-703.

Machover, K. (1953). Human figure drawings of children *Journal of Projective Techniques, 17*, 85-91.

Malchiodi, C. M. (1988). *Understanding children's drawings*. New York: Guilford.

Marzolf, D., & DeLoache, J. (1994). Transfer in young children's understanding of spatial representations. *Child Development, 65*, 1-15.

Mayer, R. T. (2002). Using illustration to promote constructivist learning from science text. In J. Otero, J.A. León & A.C. Graesser (Eds.), *The psychology of science text comprehension* (pp. 333-356). Mahwah, NJ: Lawrence Erlbaum.

McConnell, S. (1993). Talking drawings: A strategy for assisting learners. *Journal of Reading, 36*(4), 260-269.

McCormack, T., & Hoerl, C. (1999). Memory and temporal perspective. *Developmental Review, 19*, 154-182.

McDougall, S., Tyrer, V., & Folkard, S. (2006). Searching for signs, symbols, and icons: Effects of time of day, visual complexity, and grouping. *Journal of Experimental Psychology: Applied, 12*(2), 118-128.

McGarrigle, J., & Donaldson, M. (1974-1975). Conservation accidents. *Cognition, 3*(4), 341-350.

McGrath, J. E., & Kelly, J. R. (1986). *Time and human interaction: Toward a social psychology of time.* New York: Guilford Publications .

McGregor, K. K., Friedman, R. M., Reilly, R. M., & Newman, R. M. (2002). Semantic representation and naming in young children. *Journal of Speech, Language and Hearing Research, 45,* 332-346.

McLuhan, M. (1964). *Understanding media.* London: Routledge.

McNeish, T. J., & Naglieri, J. A. (1993). Identification of individuals with serious emotional disturbance using the Draw-a-Person: Screening procedure for emotional disturbance. *The Journal of Special Education, 27,* 115-121 .

Mealing, S. (1993). Talking pictures. In M. Yazdani (Ed.), *Bridging the language barrier with intelligent systems* (ch. 4, pp. 40-58). Oxford: Intellect books.

Mealing, S., & Yazdani, M. (1993). A computer-based iconic language. In M. Yazdani (Ed.), *Bridging the language barrier with intelligent systems (*ch. 3, pp. 30-39). Oxford: Intellect books.

Michaelidou, E., Filippakopoulou, V., & Nakos, B. (2007). Children's choice of visual variables for thematic maps. *The Journal of Geography, 106*(2), 49-60.

Mikel, G. (2007). *What is scientific illustration?* http://www.scientificillustrator.com/scientific-illustration-faq.html.

Modell, A. (2003). *Imagination and the meaningful brain.* Cambridge, MA: MIT.

Mustafa, H. N. (2002). Portraits of modernity: Fashioning selves in Dakarois popular photography. In P. S. Landau, & D. D. Kaspin (Eds.), *Images and empires: Visuality in colonial and postcolonial Africa* (pp. 172-192). Berkeley, CA: University of California.

Myers, L. J. & Liben, L. S. (2008). The role of intentionality and iconicity in children's developing comprehension and production of cartographic symbols. *Child Development, 79*(3), 668-684.

Nelson, K. (1996). *Language in cognitive development.* New York: Cambridge University Press.

Nelson, K. (2007). *Young minds in social worlds.* Cambridge, MA: Harvard University Press.

Nelson, K., Hampson, J., & Shaw, L. K. (1993). Nouns in early lexicons: Evidence, explanations and implications. *Journal of Child Language, 20,* 61-84.

Newcombe, N. S., Mathason, L. & Terlecki, M. (2002). Maximization of spatial competence: More important than finding the cause of sex differences. In A. McGillicuddy-De Lisi, & R. De Lisi (Eds.), *Biology, society, and behavior: The development of sex differences in cognition* (pp. 183-206). Westport, CT: Ablex.

Newell, A. & Simon, H. A. (1976). Computer science as empirical inquiry: Symbols and search. *Communications of the ACM, 19,* 111-126.

Norman, D. A. (1993). *Things that make us smart.* New York: Addison-Wesley .

Ochs, E. & Izquierdo, C. (2009). Responsibility in childhood: Three developmental trajectories. *Ethos, 37*(4), 391-413.

Olson, D. (1994). *The world on paper: The conceptual and cognitive implications of writing and reading.* New York: Cambridge University Press.

Olson, D. R. (2004). Knowledge and its artifacts. In R. S. Cohen, J. R. K. Gavroglu, & K. Chemla (Eds.), *History of science, history of text* (pp. 231-246). Amsterdam: Springer Netherlands.

Painter, C. (2003). Developing attitude: An ontogenetic perspective on appraisal. *Text, 23(2),* 183-209.

Paivio, A. (1986). *Mental representations: A dual coding approach.* Oxford, England: Oxford University Press.

Paquette, K. R., Fello, S. E., & RenckJalongo, M. (2007). The talking drawings strategy: Using primary children's illustrations and oral language to improve comprehension of expository text. *Early Childhood Education Journal, 35*(1), 65-73.

Peeck, J. (1993). Increasing picture effects in learning from illustrated text. *Learning and Instruction, 3,* 227-238.

Peirce, C. S. (1931). *Collected papers of Charles Sanders Peirce* (Vol. 2). C. Hartshorne, P. Weiss, & A. Burks (Eds.). Cambridge: Harvard University Press.

Pellegrini, A. D. (2009). *The role of play in human development.* New York: Oxford University Press.

Pellegrini, A. D., & Galda, L. (1993). Ten years after: A reexamination of symbolic play and literacy research. *Reading Research Quarterly, 28,* 162-175.

Peralta, O. A., & Salsa, A. M. (2009). Means of communication and sources of information: Two-year-old children's use of pictures as symbols. *The European Journal of Cognitive Psychology, 21*(6), 801-812.

Piaget, J. (1932). *The moral judgment of the child*. Glencoe: Free Press.

Piaget, J. (1962). The role of imitation in the development of representational thought. Reprinted 1977 In H.E. Gruber, & J.J. Voneche (Eds.), *The essential Piaget* (pp. 508-514). New York: Basic Books.

Piaget, J. (1995). *Sociological studies* (edited by Leslie Smith; translated by Terrance Brown). London: Routledge .

Piaget, J., & Inhelder, B. (1956). *The child's conception of space*. London: Routledge and Kegan Paul.

Pinney, C. (2003). Notes from the surface of the image: Photography, postcolonialism and vernacular modernism. In C. Pinney & N. Peterson (Eds.), *Photography's other histories* (pp. 202-220). Durham and London: Duke University Press.

Pontecorvo, C. (1987). Discussing and reasoning: The role of argument in knowledge construction. In E. De Corte, H. Lodewijks, R. Parmentier, & P. Span (Eds.), *Learning and instruction: European research in an international context* (pp. 239-250). Oxford: Pergamon Press.

Pozo, J. I., & Lorenzo, M. G. (2009). Representing organic molecules: The use of chemical languages by university students. In C. Andersen, N. Scheuer, M. delPuy Perez Echeverria, & E. Teubal (Eds.), *Representational systems and practices as learning tools* (pp. 243-266). Rotterdam: Sense Publishers.

Preissler, M. A., & Carey, S. (2004). Do pictures and words function as symbols for 18- and 24-month-old children? *Journal of Cognition & Development, 5*(2), 185-212.

Quinn, W. (2009, July 25). The other end of the Abu Ghraib camera. *The New York Times*, p. A23.

Ramadas, J. (2009). Visual and spatial modes in science learning. *International Journal of Science Education, 31*(3), 301-318 .

Rapp, D.N. (2007). Mental models: Theoretical issues for visualizations in science education. In J. Gilbert (Ed.), *Visualization in science education* (pp. 43-60). Dordrecht, the Netherlands: Springer.

Rathmann, P. (1994). *Good night, gorilla*. New York: Putnam.

Rayner, K., & Frazier, L. (1989). Selection mechanisms in reading lexically ambiguous words. *Journal of Experimental Psychology: Learning, Memory, and Cognition, 15*, 779-790.

Ritchin, F. (1990). *In our own image: The coming revolution in photography – How computer technology is changing our view of the world*. New York: Aperture Foundation.

Rogoff, B. (2003). *The cultural nature of human development*. New York: Oxford University Press.

Rose, S. E., Jolley, R. P., & Burkitt, E. (2006). A review of children's, teachers' and parents' influences on children's drawing experience. *International Journal of Art and Design Education, 25*, 314-349.

Rubman, C. N., & Waters, H. S. (2000). A, B seeing: The role of reconstructive processes in children's comprehension monitoring. *Journal of Educational Psychology, 92*, 503–514.

Russel, G. W. (2001). Looking backward: Reversible time in Harold Pinter's *Betrayal* screenplay. *Journal of Popular Culture, 35*(1), 145-153.

Scheuer, N., de la Cruz, M., Pozo, J. I., & Huarte, M. F. (2009). Does drawing contribute to learning to write? Children think it does. In C. Andersen, N. Scheuer, M. Pérez Echeverria, & E. V. Teubal (Eds.), *Representational systems and practices as learning tools* (ch. 9, pp. 149-165). Rotterdam: Sense Publishers.

Schmidt, M. E., Crawley-Davis, A. M., & Anderson, D. R. (2007). Two-year-olds' object retrieval based on television: Testing a perceptual account. *Media Psychology, 9*, 389-410.

Schnotz, W., & Bannert, M. (2003). Construction and interference in teaming from multiple representation. *Learning and Instruction, 13*, 141-156.

Schnotz, W., & Kürschner, C. (2007). External and internal representations in the acquisition and use of knowledge: Visualization effects on mental model construction. *Instruction & Science, 36*, 175-190.

Serpell, R. (2001). Cultural dimensions of literacy promotion and schooling. In L. Verhoeven & C. Snow (Eds.), *Literacy and motivation: Reading engagement in individuals and groups* (pp. 243-273). Mahwah, NJ: Lawrence Erlbaum

Snow, C. E., Burns, M. S., & Griffin, P. (1998). *Preventing reading difficulties in young children.* Washington, DC: National Academy Press .

Sontag, S. (1977). *On photography.* New York: Doubleday.

Spector, F. & Maurer, D. (2009). Synesthesia: A new approach to understanding the development of perception. *Developmental Psychology, 45*(1), 175-189.

Sutton, J. (2002). Cognitive conceptions of language and the development of autobiographical memory. *Language & Communication, 22*, 375-390.

Swaab, T., Brown, C., & Hagoort, P. (2003). Understanding words in sentence contexts: The time course of ambiguity resolution. *Brain and Language, 86*(2), 326-343.

Tare, M. & Shatz, M. (2005, April). *Children's use and understanding of expressions of time.* Poster presented at the biennial meeting of the Society for Research in Child Development, Atlanta, GA.

Taylor, H. A., & Tversky, B. (1996). Perspective in spatial descriptions. *Journal of Memory and Language, 35*, 371–391.

Terlecki, M. S., & Newcombe, N. S. (2005). How important is the digital divide? The relation of computer and videogame usage to gender differences in mental rotation ability. *Sex Roles, 53*, 433-441.

Teubal, E. (2000, July). *Mapping time into space.* Paper presented at the XVIth Biennial Conference of the International Society of Behavioral Development, Beijing, China.

Teubal, E. (2003). The image of the child as scientist. *Hed Hagan, 68*(1), 42-53 [in Hebrew].

Teubal, E. (2008). The contribution of non-verbal graphic texts to the development of literacy in young children – Implications for teacher training. *Bamichlala, 20*, 109-127 [in Hebrew].

Teubal, E., & Goldman, T. (1998). Different aspects of literacy in kindergarten. In E. Teubal (Ed.), Applying a holistic integrative pedagogical approach in Jerusalem (pp. 12-21). Jerusalem: Jerusalem Education Administration. (In Hebrew)

Teubal, E., & Guberman, A. (2011). 'Narrative' illustrations and 'scientific' illustrations – Two genres in the kindergarten child's toolbox. In D. Aram, & A. Korat (Eds.), Literacy and language: Relationship, bilingualism and difficulties (pp. 93-108). Jerusalem: Magnes [in Hebrew].

Thomas, G.V., & Silk, A. M. J. (1990). *An introduction to the psychology of children's drawings.* New York: New York University Press.

Tolchinsky Landsmann, L. (2003). *The cradle of culture and what children know about writing and numbers.* Mahwah, NJ: Lawrence Erlbaum.

Tolchinsky, L. (2007). The multiple functions of external representations: Introduction. In E. Teubal, J. Dockrell, & L. Tolchinsky (Eds.), *Notational knowledge: Historical and developmental perspectives* (pp. 1-12). Rotterdam: Sense Publishers.

Troseth, G. L. (2003). TV Guide: 2-year-olds learn to use video as a source of information. *Developmental Psychology, 39*(1), 140-150.

Troseth, G. L. & DeLoache, J. S. (1998). The medium can obscure the message: Young children's understanding of video. *Child Development, 69*, 950-965.

Trumbo, J. (2006). Making science visible: Visual literacy in science communication. In L. Pauwels (Ed.), *Visual culture of science: Re-thinking representational practices in knowledge building and science communication* (pp. 266-284). Lebanon, NH: Dartmouth College Press, University Press of New England.

Tversky, B. (1993). Cognitive maps, cognitive collages, and spatial mental models. In A. U. Frank, & I. Campari (Eds.), *Spatial information theory: A theoretical basis for GIS* (pp. 14-24). Berlin: Springer.

Tversky, B. (1999). What does drawing reveal about thinking? In J. S. Gero, & B. Tversky (Eds.), *Visual and spatial reasoning in design* (pp. 93-101). Sydney, Australia: Key Centre of Design Computing and Cognition.

Tversky, B. (2001). Spatial schemas in depictions. In M. Gattis (Ed.), *Spatial schemas and abstract thought* (pp. 79-111). Cambridge, MA: MIT Press.

Tversky, B. (2005). Functional significance of visuospatial representations. In P. Shah & A. Miyake (Eds.), *Handbook of higher-level visuospatial thinking* (pp. 1-34). Cambridge: Cambridge University Press.

Tversky, B. (2007). Prolegomenon to scientific visualizations. In J. Gilbert (Ed.), *Visualization in science education* (pp. 29-42). Dordrecht, the Netherlands: Springer.

Tversky, B. (2008). Spatial cognition: Embodied and situated. In P. Robbins, & M. Aydede (Eds.), *The Cambridge handbook of situated cognition* (ch. 12, pp. 201-216). Cambridge: Cambridge University Press.

Umek, M. (2003). A Comparison of the effectiveness of drawing maps and reading maps in beginning map teaching. *International Research in Geographical and Environmental Education, 12*(1), 18-31.

UNESCO Institute for Statistics (2003). *Literacy skills for the world of tomorrow: Further results from PISA 2000.* Paris: OECD.

Uttal, D. H. (2005). Spatial symbols and spatial thought: Cross-cultural, developmental, and historical perspectives on the relation between map use and spatial cognition. In L. Namy (Ed.), *Symbol use and symbolic representation: Developmental and comparative perspectives* (pp. 3-23). Mahwah, NJ: Erlbaum.

Uttal, D. H., Fisher, J. A., & Taylor, H. A. (2006). Words and maps: Developmental changes in mental models of spatial information acquired from descriptions and depictions. *Developmental Science, 9*(2), 221-235.

Uttal, D. H., Gentner, D., Liu, L. L., & Lewis, A. R. (2008). Developmental changes in children's understanding of the similarity between photographs and their referents. *Developmental Science, 11*(1), 156-170.

Uttal , D. H., & Wellman , H. M. (1989). Young children's representation of spatial information acquired from maps. *Developmental Psychology, 25*, 128-138.

Vernon Lord, J. (2007). *Notes on narrative illustration.* http://www.fulltable.com/VTS/n/ni/n.htm

Vosniadou, S. (1994). Capturing and modeling the process of conceptual change. *Learning and Instruction, 4*(1), 45-69.

Vygotsky, L. S. (1986). *Thought and language.* Cambridge, MA: MIT Press.

Vygotsky, L.S. (1978). *Mind in society.* London: Harvard University Press.

Ward D., & Stapleton, M. (2012). Es are good: Cognition as enacted, embodied, embedded, affective and extended. In F. Paglieri (Ed.), *Consciousness in interaction: The role of the natural and social environment in shaping consciousness* (pp. 89-104). Amsterdam: John Benjamins.

Weidenmann, B. (1989). When good pictures fail: An information-processing approach to the effect of illustrations. In H. Mandl, & J. R. Levin (Eds.), *Knowledge acquisition from text and pictures* (pp. 157-171). Amsterdam: Elsevier.

Wiegand, P. (2006). *Learning and teaching with maps.* London: Routledge.

Winn, W. (1993). Perception principles. In M. Fleming & W. H. Levie (Eds.), *Instructional message design* (pp. 55-126). Englewood Cliffs, NJ: Educational Technology Publications.

Winner, E. (2006). Development in the arts: Music and drawing. In W. Damon (Ed.), *Handbook of child psychology, Vol. 2: Cognitive language and perceptual development* (R. Siegler & D. Kuhn, volume editors, pp. 859-904). New York: Wiley.

Wittgenstein, L. (1953). *Philosophical investigations.* New York: Macmillan.

Wolfe, A., Sheppard, R., & Jones, D. (2013). *The art of the photograph: Essential habits for stronger compositions.* NY: Amphoto Books.

Wright, T. (1999). *The photography handbook.* NY: Routledge.

Yamagata, K. (2001). Emergence of the representational activity during the early drawing stage: Process analysis. *Japanese Psychological Research, 43*(3), 130-140.

Yohani, S. C. (2008). Creating an ecology of hope: Arts-based interventions with refugee children. *Child and Adolescent Social Work Journal, 25*(4), 309-323.

Zadunaisky Ehrlich, S. (2011). Argumentative discourse of kindergarten children: Features of peer talk and children-teacher talk. *Journal of Research in Childhood Education, 25*(3), 248-267.

Zadunaisky Ehrlich, S., & Blum-Kulka, S. (in press). 'Now I said that Danny becomes Danny again' – A multifaceted view of kindergarten children's peer argumentative discourse. In A. Cekaite, S. Blum-Kulka, V. Grøver, & E. Teubal (Eds.), *Children's peer talk: Learning from each other.* Cambridge: Cambridge University Press.

Zammit, K. (2000). Computer icons: A picture says a thousand words. Or does it? *Journal of Educational Computer research, 23*(2), 217-231.

國家圖書館出版品預行編目（CIP）資料

幼兒教育課程：以圖像文本強化語文素養 / Eva Teubal,
Ainat Guberman 著；蔡宜純譯 . -- 初版 . -- 新北市：
心理，2018.08
　　面；　公分 . -- （幼兒教育系列；51200）
　　譯自：Graphic texts: literacy enhancing tools in early
childhood
　　ISBN 978-986-191-832-7（平裝）

1. 學前教育　2. 學前課程　3. 教學活動設計

523.23　　　　　　　　　　　　　　　　107010541

幼兒教育系列 51200

幼兒教育課程：以圖像文本強化語文素養

作　　　者：Eva Teubal & Ainat Guberman

校 閱 者：幸曼玲

譯　　　者：蔡宜純

執行編輯：陳文玲

總 編 輯：林敬堯

發 行 人：洪有義

出 版 者：心理出版社股份有限公司

地　　　址：231 新北市新店區光明街 288 號 7 樓

電　　　話：(02)29150566

傳　　　真：(02)29152928

郵撥帳號：19293172 心理出版社股份有限公司

網　　　址：http://www.psy.com.tw

電子信箱：psychoco@ms15.hinet.net

駐美代表：Lisa Wu（lisawu99@optonline.net）

排 版 者：龍虎電腦排版股份有限公司

印 刷 者：龍虎電腦排版股份有限公司

初版一刷：2018 年 8 月

I S B N：978-986-191-832-7

定　　　價：新台幣 250 元